LA PERCEPCIÓN DE LA MUJER
ANTE EL ACOSO, ABUSO Y VIOLACIÓN SEXUAL

LA PERCEPCIÓN DE LA MUJER
ANTE EL ACOSO, ABUSO Y VIOLACIÓN SEXUAL

SIGNOS Y SEÑALES

DRA. ALMA ANGELINA GOMEZ REYES

Número de Control de la Biblioteca del Congreso de EE. UU.:   2013910760
ISBN: Tapa Dura   978-1-4633-5978-2
                 Tapa Blanda   978-1-4633-5977-5
                 Libro Electrónico   978-1-4633-5976-8

La información, ideas y sugerencias en este libro no pretenden reemplazar ningún consejo profesional. Antes de seguir los consejos o sugerencias contenidos en este libro, usted debe consultar a su médico personal, médico de la salud mental, psicólogo o psiquiatra. Ni el autor ni el editor de la obra se hacen responsables por cualquier pérdida o daño que supuestamente se deriven como consecuencia del uso o aplicación de cualquier información o sugerencia contenidas en este libro.

Este libro fue impreso en los Estados Unidos de América.

Fecha de revisión: 19/06/2013

Para realizar pedidos de este libro, contacte con:
Palibrio
1663 Liberty Drive, Suite 200
Bloomington, IN 47403
Gratis desde EE. UU. al 877.407.5847
Gratis desde México al 01.800.288.2243
Gratis desde España al 900.866.949
Desde otro país al +1.812.671.9757
Fax: 01.812.355.1576
ventas@palibrio.com
421285

ÍNDICE

DEDICATORIA

Dedico este libro a mis padres Ricardo y Alejandrina, a mi esposo Sergio y a mis hijos Iliana, Alma, Sergio, Ricardo y Mayo. Y a mi hermana gemela Marta Isabel.

PRÓLOGO

Siempre he pensado que el hecho de haber elegido estudiar la profesión en Psicología, ya era en sí un compromiso con la sociedad, con la gente adulta, jóvenes, adolescentes y niños, y sobre todo con mi familia, ya que el ejemplo mismo de mi participación como esposa, madre y profesionista iba a ser un reflejo de lo que podría dar a los demás.

Mi participación en la psicología ha sido en todas sus áreas, ya que es imposible separarla a una sola por el hecho mismo de que toda persona se desenvuelve en muy variados campos sociales, profesionales, familiares, laborales, etc. y finalmente puede ser una persona de alguno de estos campos quien requiera mis conocimientos, asesoría o ayuda.

Para escribir este libro, he tenido que esperar a resultados de investigaciones científicas, que he realizado sobre este tema de hostigación, acoso abuso y violación sexual, en el que he iniciado desde algunos años atrás, así como también, en el apoyo de otros resultados de investigaciones que han hecho otros colegas sobre el tema.

Las ramas de la psicología: social, educativa, clínica, organizacional o industrial, jurídica, ambiental, etc. Nos da una idea de todos los campos en que se aplica esta profesión y las contribuciones que nos da en toda actividad, tanto en las relaciones personales, individuales, como también en comportamientos grupales. Esto es socialización.

La socialización de toda persona, es un proceso de desarrollo, que todos debemos aprender, si queremos vivir dentro de una comunidad o sociedad, ya que empezamos por aprender que tenemos un "compromiso", para adquirir valores que nos caracterizan en todo desenvolvimiento, participación, o acción social. Esta capacidad en nuestra personalidad que desarrollamos con la socialización, nos ayuda a adoptar y cumplir normas, reglas, roles sociales, que nos facilita el proceso de la formación del *yo* normal a través de una serie de etapas, que en la actualidad son reconocidas como cualidades personales.

El rechazo de todos los valores sociales o "liberación del compromiso social", caracterizada por diferentes formas de inconformismo, es consecuencia de la falta de un plan de vida, que probablemente no fue regulada por los padres ni aprendido por los hijos, en su infancia, o si se los enseñaron, no fueron disciplinados ni reforzados por medio de premios elogiando las buenas conductas, o a la inversa, aplicando experiencias desagradables (reforzadores negativos), para que no volvieran a repetir más el mal comportamiento.

El entorno familiar y social, también suelen ser fuente de modelos agresivos, ya que por medio de la experiencia directa *no regulada* por los padres en la enseñanza familiar se aprenden y adquieren conductas con actos negativos, pero también, por medio de la experiencia externa, que es *la sociedad*, se adquieren aprendizajes nocivos influenciados por medio de los programas de cine y televisión, trasmitiendo comportamientos violentos, que se exhiben con naturalidad, confundiendo a niños, adolescentes y hasta los adultos influenciables, trayendo como consecuencia una desviación social, y como resultado al no ensamblar en ella, consideran a la sociedad, "extraña", hostil y objeto de resentimiento, justificándolo de diferentes formas, y conduciéndolos a la no-participación social deliberada y al parasitismo y delinquismo social.

Esto es lo que ha hecho que avancen las malas acciones, de abusos, robos, delitos, asesinatos, actividades ilegales, drogadicción, violaciones sexuales, etc. Transformando a una parte de la población en una deshumanización alarmante.

Las inquietudes familiares, sociales y legales, que provocan todas estas circunstancias, me hacen abordar en este libro uno de los temas que más impotencia e indefensión refleja la mujer ante este acto tan criminal, como lo es: la hostigación, acoso, violación y victimación sexual hacia la mujer de cualquier edad.

Por medio de este libro trataré de explicar con una introducción del tema, porqué la mujer en un momento dado se siente incapaz de afrontar el peligro, de ser abusada, violada o victimada sexualmente, así como también, ofrecer características que puedan advertir y distinguir el perfil o comportamiento del acosador o violador y así poder prevenir por ellas, este acto delictivo.

Se tomara en cuenta también otro aspecto que es sumamente importante, que es el caso, en el que la mujer, si ya ha pasado por esta experiencia dolorosa de abuso y violencia sexual, se abordaran técnicas de manejo para poder sobrellevar con una mejor calidad su estilo de vida.

Espero, que los resultados arrojados de mi investigación sobre este tema, proporcione en este libro, una disminución en un buen porcentaje, en los casos de acoso, abuso, violación y victimación sexual, en contra de la integridad de la mujer, y sea también una sensibilización, para diferentes tipos de asociaciones o instituciones, para implementar programas o medidas de prevención con información continua sobre técnicas de manejo ante la agresión y la corrección y cambios que se deben realizar para la protección personal de la mujer.

INTRODUCCIÓN

Con relación al género existe un consenso en la literatura de que las mujeres son un grupo que expresa más miedo a la amenaza e inseguridad que los hombres. Entre las explicaciones que se da a éste fenómeno se menciona que al parecer las mujeres perciben de una manera más abierta el peligro y consideran a la victimación como algo más probable de sucederles que a los hombres.

El género masculino, es un factor determinante en el miedo a la victimación siendo las mujeres las que perciben mayor inseguridad tienen mayores cambios en sus patrones de conducta y estilos de vida como consecuencia del miedo al crimen, en particular, uno de los crímenes urbanos que genera mayor inseguridad en las mujeres es la violación. Esto se debe que la violación va asociada con el homicidio lo que origina ciertas conductas de precaución autolimitando la libertad en la interacción social generando esta violencia percibida como un fenómeno social con consecuencias de tipo psicológico y social en las mujeres.

Siempre fueron escasas las investigaciones sobre el acoso, abuso o violación y hasta la victimación sexual en México, a pesar de los hechos y las consecuencias que tienen en la vida de las mujeres, pero los diversos episodios de abusos, violaciones y muertes sexuales resaltados en la prensa con los diversos movimientos de protesta en contra de estos actos de nuestro país abrieron, el camino para que estos hechos se concibieran como un problema social digno de analizarse y combatirse.

Son también estos primeros esfuerzos lo que hizo posible la inclusión en el código penal en este país, de la figura de hostigamiento sexual, esto es un buen comienzo para la toma de conciencia de la mayoría de los ciudadanos, que aún tienen confusiones y/o suspicacias en torno a la existencia de éste problema.

Existen trabajos, que consisten en denuncias y presentación de testimonios que ilustran ejemplos de diversos episodios de acoso y violación, (laborales, en la calle, escolares, familiares.), con muy poca respuesta de vigilancia, intervención o prevención por parte de la ley, no obstante que desde hace más de diez años diversos grupos de mujeres de: La Situación de la Mujer en México, investigadoras han demostrado las implicaciones que tiene en la vida de las mujeres éste crimen sexual.

Incluso partiendo de la definición de "género" en ámbitos sociales de acción para hombre y mujer los recursos de defensa para la mujer tiene un acceso desigual de acuerdo a estudios hechos en los Talleres Estatales Sobre la Situación de la Mujer en México.

Laboralmente, existen antecedentes que el tema del acoso sexual no se puede abordar sin levantar comentarios apasionados, aunque no siempre sean a favor de que exista una ley que resguarde a todas las mujeres jóvenes y no tan jóvenes, de los avances perniciosos de algunas personas sin escrúpulos ni moral que, a falta de los atributos necesarios para buscar una relación de pareja saludable, utilizan el poder que ejercen en sus lugares de trabajo, para forzar situaciones de carácter sexual que les otorguen satisfacciones a sus personas.

Es preocupante, sobre todo, el caso de las más jóvenes, que tienen que aprender a manejar las oscuras realidades del "mundo de afuera" e inseguridad social, cuando enfrentan este tipo de acciones, que aprovechándose doblemente de su condición de mujeres, amas de casa, trabajadoras, estudiantes jóvenes, niñas inexpertas, se ensañan persiguiéndolas y presionándolas, muy a sabiendas de que, en muchos casos, por su misma inexperiencia algunas podrán ceder.

Y ya que éste es un tema difícilmente tratado en el seno de nuestros hogares, porque a lo mejor la madre nunca ha trabajado fuera de su hogar y el padre evita abordar el tema, por temor a no saber cómo manejar este tipo de problemas o porque él a su vez utiliza este método de "conquista" y tampoco se aborda en la mayoría de lugares de estudio, las mujeres mismas deberán averiguar a través de la experiencia propia o por consejos de la madre o de compañeras de trabajo de qué se trata, el ser acosadas sexualmente por un familiar, maestro, jefe del trabajo, compañero de trabajo, "amigo", etc..

En la sección "Personal, Relaciones laborales" de la revista de negocios "América Economía", del 15 de julio de 1999, publicaron "No acepto tu no", por Cecilia Valdés-Smith, de

Santiago, Chile. Aun cuando en América Latina los avances para lograr la legislación contra este tipo de atropellos (y/o de abusos dentro del seno del hogar) todavía no son muy grandes o demore en llegar o quizás nunca llegue la ayuda de las personas que rodean a una mujer víctima de acoso sexual, existen ya afortunadamente, algunos países en donde se está trabajando consciente y concienzudamente en lograr que existan las leyes correspondientes, así como empresas en donde los casos de hostigamiento sexual se han enfrentado con madurez, se han creado políticas adecuadas para el manejo de estos incidentes e, incluso, se está orientando al personal de ambos sexos para no caer en prácticas que se enmarquen dentro de esta calificación.

Causas

¿Cuáles son las causas del acoso o abuso sexual?

La mayoría de las veces la causa de un abuso sexual es por no saber distinguir los comportamientos o conductas del individuo acosador o violador, aunque sí perciban el peligro de ser violadas en ambientes peligrosos.

Un acoso sexual de ambiente hostil - se trata de un comportamiento dirigido a una persona, basada en su sexo femenino, que resulta en un ambiente (lugar solitario en la calle, en su domicilio sola con él, en el aula o lugar de la escuela, trabajo, autobús solitario, etc.), que causa miedo, ansiedad, o pena; este comportamiento del acosador es indeseado, frecuente, basado en sexo, y que interfiere con la oportunidad educacional de un estudiante, de una trabajadora, de una ama de casa, de una niña, joven, con un tío, padrino, amigo de la casa, cuidador de niños, etc.

Otra de las causas de facilitar el acoso o violación sexual, son los modelos socio-histórico-culturales, implementados, por los hombres dominadores, en donde, existe una imposición con controles muy severos sobre la mujer y para combatirlos por ellas, requiere de una gran dosis de temor, fuerza y dolor.

El acoso sexual es: solicitar un favor sexual a cambio de tener relaciones sexuales a cambio de, por ejemplo:

- Una nota alta en la escuela o seguir en la escuela.
- Un aumento de salario en el trabajo.
- A cambio de no desemplearla y seguir conservando el trabajo.
- Amenaza de no hacerle daño a un ser querido para que acceda a sus instintos sexuales, u otro tipo de amenaza u ofrecimiento parecido.

Existen varias causas en la ocurrencia del acoso sexual, que son bien condicionadas de dos décadas atrás, en donde ya se había agravado grandemente este problema y que a la fecha después de tantas agresiones hacia la mujer, aún se siguen cometiendo, haremos un pequeño repaso, por ejemplo:

- Influencia en las diferencias culturales

Se puede considerar que el acoso sexual de mujeres es sintomático a la posición de supremacía del hombres con respecto a la posición débil de las mujeres, esto relacionado al género con respecto al sexo, ya que se espera que el hombre sea quien tome la iniciativa y sea agresivo en materias sexuales, y la mujer adopte una postura modesta, sumisa y vergonzosa. Por lo menos, algunos hombres parecen tener una perspectiva adversaria del género, según el que actividad sexual es explotativa o rapaz, en lugar de cooperativa; los hombres asumirían el rol de explotadores o rapaces y las mujeres el rol de explotadas o de presa. Con el debido cuidado esto se ha venido inculcando de generación en generación a las mujeres en nuestra realidad civilizada. Junto a esto, la agresión sexual de los hombres puede ser algunas veces gobernada por la mala interpretación de los contactos femeninos, en cuanto se considera que conductas amistosas ordinarias de las mujeres son expresiones de un interés sexual.

- Influencia en los factores del ambiente de trabajo

En primer lugar, el acosador está relacionado positivamente con el concepto de conducta como acoso sexual; a mayor estatus económico, laboral del acosador es más probable que la mujer perciba que el hombre ocupa su posición social para explotarla sexualmente.

Existiría una fuerte relación entre el acoso y las ocupaciones donde las mujeres has sido tradicionalmente poco representadas y donde el ambiente de trabajo es considerado tradicionalmente "masculino". Porque, se ha demostrado que altos niveles de acoso sexual están asociados a una proporción muy alta de hombres en relación al número de mujeres ; a esto se le denomina 'alta razón sexual' (high sex ratio) (Hesson-McInnis & Fitzgerald, 1997; Ellis, Barak & Pinto, 1991). Esta relación puede ser explicada por las típicas actitudes y comportamientos hacia las mujeres como un grupo minoritario (Kanter, 1977, citado en Ellis, Barak & Pinto, 1991, p.1322).

- Respuesta de la víctima

Las víctimas que no toman ninguna acción contra el acoso tienen más probabilidad de ser censuradas y culpadas que aquellas que realizan acciones de protesta, tales como quejarse, regañar y golpear en una situación de acoso. La implicación práctica de esto es que las víctimas deben tomar alguna acción contra el acosador, ya que ignorar el acoso pueda dar una semejanza de legitimación de éste, de manera tal que no es considerado tan seriamente y, por lo tanto, se aprobaría implícitamente su repetición. Es aquí donde aparece como relevante el papel de los procesos de percepción de la conducta como acoso sexual, ya que nos permite entender que la baja utilización de los procedimientos de agravio por la mujer se debe en parte al fracaso de percibir la conducta indeseada relacionada al sexo como ofensiva y acosadora en el lugar de trabajo, calle, casa, o en la universidad.

- La propensión al acoso sexual

Hay individuos que tienen mayor predisposición que otros a acosar y cometer las formas más severas de acoso sexual. Este tipo de hombres pueden controlar la aceptación de la mujer de su acoso, por medio de un importante premio o castigo, a cambio de un servicio de naturaleza sexual, sin que exista una posible consecuencia negativa. Utilizando la disposición a usar el poder social para lograr propósitos de explotación sexual. Esto se relaciona con la actitud y creencias, como medidas de clasificación de roles de género y creencia en los mitos de la violación (afirmaciones sobre la culpabilidad de la mujer víctima de una violación).

Los individuos con alto nivel de acoso sexual, no habían recibido videos alusivos al acoso sexual, sabían menos de acoso sexual que hombres que no acosan. Podría ser que uno de los factores que lleva a los individuos a acosar, es su falta de conocimiento sobre el tema del acoso sexual. Según investigaciones de Pryor, citado en Perry, Kulik & Schmidtke, 1998, p.702).

- Modelos explicativos

El modelo llamado "de rol sexual sobrepasado", El modelo señala que las mujeres en el lugar de trabajo se enfrentan a expectativas de dos roles: los roles de género y los roles laborales. Esto puede ocurrir por que la identidad de género es muy importante para las mujeres, mucho más que la identidad laboral. Es por esto que los trabajadores las perciben primero como mujeres y luego como colegas en el lugar de trabajo. Los hombres pueden estar acostumbrados a interactuar con mujeres fuera del lugar de trabajo, donde los roles de género son los más importantes.

En suma, muchas mujeres pueden sentirse más a gusto comportándose de acuerdo al estereotipo de rol femenino, incluso en el lugar de trabajo.

El tipo de trabajo que las mujeres ocupan en una organización dada, se clasifica en tres tipos de trabajo:

Trabajos tradicionales (ej. secretaria, enfermera), son más congruentes con los roles típicamente femeninos, las mujeres en este tipo de trabajos tienden a percibir más situaciones como acoso sexual por sus deseos de integración.

Trabajos no tradicionales (ej. oficial de policía, mecánicos), las mujeres pueden ser vistas como saliéndose de su rol; existe menos acoso sexual, ya que, tienden a estar más alertas a las posibles situaciones de acoso sexual, por lo que tienden a reportarse más casos en este tipo de trabajos.

Trabajos integrados (vendedores, personal de banco), son vistos como independientes, por lo que es menos probable que ocurra menos el acoso sexual, de todos modos, las mujeres dentro de este tipo de trabajo serán tratadas de acuerdo a su estatus de género, en tanto que si se encuentran en igualdad de número con los hombres, o en mayoría, serán tratados como meros compañeros de trabajo.

El acoso sexual es una función con características en sí, (tipo, frecuencia, duración y características del acosador) con dos aspectos externos, los cuales son: el pensamiento que se tiene en el trabajo de la organización en relación al género (tradición de los roles de género, razón hombre-mujer en el grupo de trabajo, sexo del supervisor) y la tolerancia de la organización al acoso (presencia de remedios al acoso, eficacia de éstos, intensidad de la búsqueda y castigo de los culpables); se supone que estos dos factores afectan a tres grupos: con consecuencias laborales, consecuencias psicológicas, y consecuencias de salud.

Los efectos del acoso en estas consecuencias se supone será moderado por la vulnerabilidad personal de la víctima (dependiente de la edad, nivel educacional y estado civil).

Y su estilo de respuesta, en lo referido a la ejecución de acciones concretas de defensa, como a la percepción de eficacia de las acciones asertivas contra el acoso.

Consecuencias:

- El reconocer y predecir la intensidad y ocurrencia del acoso se encuentra bastante relacionada con la vulnerabilidad de la víctima, y un ambiente de trabajo con dominación masculina y un ambiente organizacional relativamente tolerante al acoso.
- Es de notar que las características de la víctima no tienen relación con las formas de acoso sexual (chistes, insinuaciones y preguntas), sino que estas tienen relación más bien con las características de la organización.
- Respuesta y consecuencias: las mujeres que responden reportando el acoso sexual, tienen más probabilidad de ser despedidas, trasladadas o hacerlas renunciar a su trabajo; o bien usar medicación o necesitar asistencia psicológica para soportar la situación.

Las consecuencias negativas a nivel laboral dependerán más del tipo de respuesta de la víctima que de la intensidad del acoso en sí, ya que aquella puede generar rechazo y una reacción organizacional negativa.

En cambio, los síntomas psicológicos y físicos están en directa relación con la intensidad y frecuencia del acoso.

- Otros factores contribuyen al acoso sexual:

- Normas sociales que lo fomentan en los diferentes medios de difusión, por medio de películas o programas de televisión, revistas, periódico, etc.
- Víctimas que no reportan casos de acoso sexual, debido a la vergüenza, temor, inseguridad.
- Falta de consecuencias para el que acosa.
- Actitudes de indiferencia entre adultos.
- Falta de normas, procedimientos, y entrenamiento

2
Perfil del acosador

Características de personas o grupos de personas con conductas delictivas y peligrosas, que se amparan en sus creencias, para violar las leyes y dañar a otros seres humanos.

Para distinguirlos del resto de la sociedad, con el fin de alertar a los demás, utilizando un lenguaje que es congruente con la aplicación social de calificativos se les llama: "Mafia", "Crimen Organizado", "Grupos Delictivos", "Sectas Destructivas", "Clanes", "Funcionarios Corruptos", etc.

Todo aquél grupo que, en su dinámica de captación de personas, utilice técnicas de engaño o persuasión coercitiva que propicien la destrucción (desestructuración), de la personalidad que tiene previa toda persona, o la dañen severamente en lo psicológico o emocionalmente, para su beneficio, su afán de poder o de lucro, esta catalogado social y legalmente como un grupo destructivo y nocivo.

Características:

1). Está encabezado por un líder carismático que pretende ser el elegido por sobre todos los demás, cohesiona fuertemente a su grupo y los aleja de todos los demás, el dogma es la obediencia, sumisión y tener fe ciega hacia él, mediante sutiles controles de la mente, al principio, y después utilizando punitivamente técnicas de castigo para someter a su férreo control a sus víctimas, no deja de ser mera carne de beneficios para la organización y se prestará a ser utilizada, la víctima, sexualmente sí es preciso.

2). Tener una estructura teocrática, vertical y totalitaria, donde las palabras de los dirigentes es dogma de Fe.

3). Exigir una adhesión total al grupo y obligar (bajo presión psicológica) a romper con todos los lazos sociales y familiares (padres, hermanos, pareja, amigos, trabajo, escuela, etc.), anteriores a la entrada al grupo o culto.

4). Vivir en una comunidad cerrada o en total dependencia del grupo.

5). Suprimir las libertades individuales y el derecho de su intimidad.

6). Controlar la información que les llega del exterior y manejarla los líderes a su conveniencia.

7). Utilizar sofisticadas técnicas psicológicas y neurofisiológicas (Enmascaradas bajo la "meditación" o el "renacimiento espiritual") que sirven para anular la voluntad y el razonamiento de las personas que integraron al grupo; causándoles en muchos casos, alteraciones psíquicas graves.

8). Propugnar un rechazo total de la sociedad y de sus instituciones. Fuera del grupo todos son enemigos (polarización entre el "bien"/secta y el "mal"/sociedad).

9). Tener como actividades primordiales el proselitismo (conseguir nuevas personas), realizándolo de forma –encubierta e ilegítima- y la recaudación de dinero (por medio de actividades de todo tipo, cuestaciones por las calles, cursos, y otras acciones claramente delictivas).

10).Obtener bajo coacción psicológica la entrega de su patrimonio personal, pertenencias personales, joyas, dinero, etc. En concepto de beneficiar al grupo, secta o clan.

3
Comportamiento del acosador

El mostrar un comportamiento libidinoso no deseado que genera un ambiente laboral desagradable, incómodo, intimidatorio, hostil, ofensivo o humillante pare la trabajadora, es acoso sexual aunque no implique un peligro de la estabilidad en el empleo, la promoción o la formación profesional o cualesquiera otra condición en el trabajo o en el salario.

Esto establece que el acoso sexual en el trabajo supone una vulneración del derecho constitucional a la intimidad personal y permiten determinar cuando existe acoso sexual en el trabajo.

La clásica situación de acoso en el cual el sometimiento de la mujer a tales requerimientos no queridos ni pedidos de empleadores o compañeros, se erige en un peligro de la estabilidad en el empleo, la promoción o la formación profesional o cualesquiera otra condición en el trabajo o en el salario. Es decir, aquel acoso en que la acosada cede para evitar ser despedida, para no cerrarse las puertas a una futura promoción o a la formación profesional, para no perder complementos salariales, etc...

Otra situación es el acoso sexual ambiental, cuando un empleado o jefe tiene un comportamiento libidinoso, insinuante o con connotaciones sexuales.

Este se distingue con un comportamiento descrito, exteriorizado por un comportamiento físico o verbal manifestado en actos, gestos o palabras, no sea deseado ni deseable por la persona "acosada".

Que genere un ambiente laboral radicalmente desagradable, incómodo, intimidatorio, hostil, ofensivo o humillante para la trabajadora y objetivamente para los demás empleadas.

Esa conducta es lo suficientemente grave como para crear tal entorno negativo y lo sea, por otra parte, no solo según la percepción de quien lo padece sino objetivamente considerada.

Es importante ser muy rigurosas en esta materia, para eliminar aquellas conductas que, objetivamente, generan un ambiente hosco e incómodo en el trabajo. Para ello debemos distinguir entre el comportamiento amistoso y el acoso sexual, siendo el primero voluntario y recíproco y el segundo unilateral e indeseado y es cada individuo quien es libre de aceptarlo o rechazarlo por ofensivo.

Ahora bien ¿cómo debe manifestarse este rechazo? : no hace falta reaccionar con carácter inmediato y con demasiada contundencia, sino que exteriorizar de alguna forma que esta conducta, no le gusta y ver si esto inicialmente que empieza el acoso, se puede deshacer cualquier equívoco o ambigüedad al respecto.

Se trata de un paso más hacia un entorno laboral digno para la mujer y el hombre y por tanto hacia la equiparación de ambos sexos en el mundo laboral.

Aunque esta información puede servir de guía a las mujeres, se pueden agregar algunas otras situaciones que cada una conoce en su experiencia personal y que seguramente pueden abrir las ventanas para ventilar este ambiente desagradable e inmoral que se ha vivido en los lugares de trabajo pero que, según se enfrente y trate de conjurar, brindará paz y tranquilidad a las mujeres en su vida diaria y profesional.

¿Dónde termina el piropo y empieza el acoso sexual?

- Contactos físicos innecesarios, tales como caricias, roces o "palmaditas".
- Observaciones sugerentes y desagradables sobre el cuerpo, la vestimenta.
- Invitaciones comprometedoras y que causen malestar.
- Exhibición de pornografía en lugares de trabajo.
- Demandas de favores sexuales.
- Agresión física.
- Miradas lascivas.
- Invitación a tener relaciones sexuales no deseadas. (sic)"

SIGNOS Y SEÑALES

El acoso, está considerado como un fenómeno social, afectando principalmente a la mujer de hoy día, ya que es ésta, la que menos se defiende ante este tipo de presiones, represiones y ataques. Ya sea que se trate de acosos sentimentales, sexuales, de empleo, de familias, de amigos, etc. y pueden darse de varias maneras y en cualquier tipo de acercamiento físico o psicológico con la víctima principal.

El Acoso Sexual es un problema:

Estudios recientes indican que acoso sexual entre estudiantes es un problema común en las escuelas. El 80% de estudiantes dicen que han sido acosados sexualmente. El 50% de mujeres adolescentes han sido acosadas en la escuela y el 30% han sido acosadas en el trabajo.

Quién comete el acoso sexual puede ser:

En la escuela, casi siempre, en la mayoría de las veces, es otro estudiante quien comete el acoso. Los maestros también tienen un porcentaje, aunque menor que el estudiante, de cometer acosos sexuales.

En la escuela, acoso sexual ocurre casi siempre en las aulas y pasillos. Los estudiantes también reportan varios casos en los autobuses.

La situación de acoso sexual, descalificación y otros múltiples maltratos que sufren las mujeres por parte de algunos profesores en casi todas las universidades del país.

Muy pocas se atreven a denunciar tales hechos por la milenaria costumbre que convierte a las víctimas en culpables, y porque se conoce que la tendencia tradicional de las autoridades universitarias es la de ocultar ese delito en nombre del "prestigio de la Institución".

Por el contrario, creemos firmemente que el sancionar algunos responsables aumentaría ese prestigio y disminuiría de forma considerable la frecuencia de esas violaciones de los derechos humanos de las humanas, pues es precisamente la impunidad la que favorece esa Reiterada práctica de irrespeto a la dignidad e integridad de las mujeres.

Componentes del acoso sexual:

Entre las diversas definiciones que se proponen de hostigamiento, acoso y violación sexual se señalan que éste se compone de los siguientes elementos con una definición operacional:

Conductas verbales y conductas físicas, y son aquéllas que contienen aspectos relacionados con la sexualidad las cuales son recibidas por la mujer sin ser bienvenidas.

Además todas estas acciones son repetitivas vistas como premeditadas y aunque persiguen un intercambio sexual no necesariamente lo alcanzan.

Estas conductas se caracterizan por ser una imposición de requerimientos sexuales que pueden ir desde situaciones vagas donde un acto de esta naturaleza puede interpretarse de múltiples formas hasta la coerción sexual incluida como delito en el código penal en México. Las características más básicas de conductas que utiliza el perpetrador o perpetradores, para el hostigamiento, acoso o violación sexual son las siguientes:

Primero

Pueden variar en el grado de severidad y por lo tanto unas son más intrusivas que otras en las conductas de actos verbales y conductas de actos físicos.

Segundo

Se caracteriza porque siempre son actos repetitivos por la misma persona o personas, por ejemplo, acoso en la casa, al ir al trabajo o escuela, o en la calle en el trayecto, etc., éstas suceden más de una vez y entre cada aparición puede cambiar el grado de aumento y de severidad.

Tercero

Las conductas desplegadas hechas por el individuo o individuos, son todas de naturaleza libidinosa y sexual.

Cuarto

Aunque implican la idea de forzar un coito o acto sexual, la intención básica del hombre, en ocasiones no es alcanzarlo, sino que, el uso de la sexualidad es el arma de agresión, siendo éste solo un medio que sirve para intimidar a la mujer y reflejar poder del género masculino.

Quinto

La conducta del individuo o de los individuos es de sometimiento hacia la mujer adulta, adolescente, o niña, por medio de conductas que provocan temor ejemplo:

a) *Conductas verbales:*
Hablarle para decirle todo lo que haría con ella si se quedaran solos, que la va a agarrar cuando ande sola, que la va a estar siguiendo a donde vaya, que si dice a alguien de lo que él le dice la mata, o arremete contra su familia y nadie se daría cuenta, etc.

b).- Conductas físicas:
Tocarla en el trabajo, casa, escuela u oficina, acercarse demasiado y rozarla con morbo en un lugar estrecho, pasar junto a ella en la calle y manosearla por sorpresa, aún delante de la demás gente, etc

c).- Conductas de exhibición:
Mostrarse ante ella desnudo, en su casa, escuela, trabajo, calle, etc. observarla a ella, sin que se dé cuenta o sea, "voyerismo", obligarla a ella a que se exhiba o se muestre sin alguna ropa o desnuda ante él, etc.

4
Percepción de la mujer ante el acosador

Factores en la percepción del acoso sexual.

Aunque muchas conductas son definidas como acoso sexual, es muy poco frecuente que las personas etiqueten determinadas conductas como acoso sexual si son ellos los involucrados en la situación.

La conducta de acoso en sí

El comportamiento de los acosadores son que mientras más frecuente y explícitamente sexual es la conducta, con más probabilidad es percibida como acoso sexual.

Factores sociales y culturales

Nuestra sociedad, presenta distintos patrones de percibir el acoso sexual:

La socialización puede aceptar a determinadas mujeres con interacciones sexuales, no señaladas como ofensivas ni consideradas remarcables como ser dignas de un acoso sexual (coqueteos femeninos, permitir algunos derechos al novio, como besos, abrazos, sin llegar a más, la moda socialmente aceptada en el vestir, etc).

La percepción es diferente en el acoso sexual entre:

• Mujeres jóvenes contra mujeres de más edad
• Mujeres estudiantes contra mujeres graduadas

Reportan diferencias en la percepción del acoso, *aquí influye la percepción en la mujer, con el progreso en la edad y en la educación.*

La socialización en las premisas histórico-culturales, hacen a los roles tradicionales femeninos de la mujer, a que ella crea, que las experiencias de acoso sexual, son rutinarias y poco relevantes, ya que debe estar acostumbrada a recibir "piropos" buenos u ofensivos por parte de el hombre porque son "naturales", esto hace que ella tenga menos percepción en signos y señales de peligro a su persona hacia un acto de violación u homicidio.

Género

Las mujeres y los hombres, si bien están de acuerdo con las manifestaciones opresivas (soborno o ataque sexual) de la conducta que constituye el acoso sexual, difieren en la calidad de juzgar la conducta como acoso; en este sentido, la mujer vería un rango más amplio de conductas como acoso sexual y de forma más sutil (gestos o palabras sexuales) que el hombre.

Existen diferencias entre los motivos percibidos por hombres y mujeres para el acoso sexual.

En tanto que los hombres sólo dan el atractivo sexual como motivo de acoso, las mujeres lo distinguen entre la atracción sexual y el poder de la fuerza como motivos.

Las mujeres parecen reconocer que la posición de poder en el hombre, juega un importante rol en el acoso sexual, ya que están atentas a que este puede ocurrir sin atracción sexual.

Atractivo físico del acosador y de la víctima

Un efecto potente de decisiones judiciales involucrando el acoso sexual es el atractivo físico de las partes involucradas en tales casos. ya ha sido mostrada los efectos del atractivo físico en percepciones de otras interacciones social-sexual como en la violación, mostrando que el atractivo físico en los jurados y demostrando los efectos que este atractivo físico puede influenciar a algunos jueces.

El atractivo físico, tanto del acosador como de la víctima, tendría efectos sobre la percepción de acoso sexual.

La gente tiende a responder basándose en ciertos estereotipos que tienen en mente; por ejemplo, el mito de que "lo bonito es bueno"; tiende a favorecer a la víctima o al acosador más atractivo.

Los hombres tienden a creer que el acoso se produce cuando la víctima es atractiva y el acosador lo es poco; si este último es atractivo, la relación con la víctima se tiende a percibir como más positiva .

Las mujeres, en cambio, perciben a la atracción sexual como motivo sólo cuando la víctima es atractiva, siendo el atractivo del acosador irrelevante.

Interesantes implicaciones:

- Primero, la creencia de que un acosador atractivo tiene más motivos positivos para su comportamiento, en tanto que un acosador poco atractivo es llevado por la atracción sexual, es una atribución que no tiene bases de hecho pero que afecta el juicio hecho sobre la situación.
- En segundo lugar, la creencia de que la atracción sexual es un buen motivo en el caso de que la víctima sea atractiva no le hace un gran favor a ésta, ya que provee una explicación de porque determinadas conductas "no son" acoso sexuales; de este modo las mujeres que se perciben a sí mismas como atractivas no consideraran las conductas iniciales de acoso como tales sino como coqueteo, en tanto que las mujeres que se consideran a sí mismas menos atractivas percibirían estas actitudes como puro acoso.

Diferencias individuales

Determinados factores de la personalidad pueden afectar la percepción de situaciones objetiva y subjetivamente definidas como acoso sexual; *dos factores fundamentales determinarían la percepción de acoso sexual:*

Primero:

El grado de represión de las mujeres:

Las mujeres con alto grado de represión tienden a usar estrategias de evitación más que de afrontamiento frente a situaciones que pueden ocasionar daño al ego; al ser el acoso sexual una de estas, este tipo de mujeres tenderá a no etiquetar los actos objetivos de acoso sexual como tales, para proteger su yo.

Segundo:

La necesidad de aprobación.

Por otro lado, las mujeres con alta necesidad de aprobación negarán la ocurrencia de acoso sexual objetivo y no percibirán estas situaciones como tales, para evitar la estigmatización social de ser víctimas de acoso.

Existen factores sociales de diferencias individuales:

- Estos influirían en la percepción en personas (erotofóbicas, que rechazan involucrarse en situaciones que involucren sexualidad), ya estarían menos pendientes de la ocurrencia de situaciones objetivas de acoso sexual y a percibir e interpretar estas como tal.

- La aceptación del mito de que las mujeres son las culpables en los casos de victimación sexual harán menos probable la percepción e interpretación de situaciones de acoso sexual.

- Las creencias normativas acerca del acoso sexual en sí, no están relacionadas con las experiencias reales y percepciones de acoso sexual actual.

- La tolerancia hacia el acoso sexual percibida en los padres o superiores determinará, *lo que las mujeres catalogan como acoso sexual*. De este modo, si la mujer considera que en su empleo existe una "atmósfera erotizada", y le enseñaron que eso era malo, tendrá una mayor predisposición a etiquetar las conductas como de acoso, pero si no se lo enseñaron, lo tomará como natural, obstaculizando la percepción del peligro en el que se puede encontrar.

Como:

- Comentarios sexuales, bromas, gestos, o miradas.
- Tocar o agarrar en una manera sexual.
- Decir que un estudiante es homosexual.
- Besar a una persona a la fuerza.
- Diseminar rumores sexuales sobre un estudiante.
- Quitarle la ropa a una estudiante a jalones.
- Escribir mensajes sexuales en paredes, cajones, etc.
- Jalar la ropa de una estudiante en una manera sexual.

5

Síntomas y daño psicológico en la mujer

Consecuencias en la mujer por el acoso y abuso sexual

El acoso sexual trae muchas consecuencias indeseables para sus víctimas, entre las que se incluyen síntomas:

Psicológicos:

- Duda
- Depresión
- Ansiedad
- Relaciones personales restringidas
- Fatiga
- Falta de motivación
- Dificultad en la concentración
- Baja en la autoestima.

Y cuando es abusada o violada sexualmente, puede presentarse un cuadro clásico de personalidad psicopática, con características psicológicas de carencia de juicio social, abrumación, apatía conductas antisociales, conflictos con figuras de autoridad, que pueden llegar a convertirse en conflictos serios, es socialmente introvertida y si se relaciona lo hace superficialmente, tiende a evadir la realidad, se rebela, presenta resentimiento e inconformidad ante su situación, proyección de culpa, tiene limitada tolerancia hacia la frustración, se observa impulsiva, se puede volver una persona inusual, sin ser esquizofrénica.

Fisiológicos

Psicosomatizaciones como:

- Dolores de estómago
- Dolor de cabeza
- Nauseas
- Presenta disturbios del sueño
- Problemas relacionados con enfermedades continuas en el trabajo
- Reducción de la satisfacción laboral
- Aumento del estrés en el trayecto a su casa o trabajo
- Ausentismo
- Cambios de carrera profesional
- Cambios en los trabajos laborales.

Efectos del acoso sexual que produce en la mujer víctima

Sintomatología

- Trauma
- Miedo.

- Ausencias en la escuela.
- Depresión o alejamiento de los amigos y la familia.
- Falta de confianza en otros.
- Problemas sociales.
- Enojo.
- Impotencia
- Tensión.
- Dolores de cabeza u otras manifestaciones físicas de tensión.

Nota: Para las empresas, el acoso sexual tiene un precio en la forma de productividad y moral disminuida, y un aumento de los reclamos y compensaciones deseadas por los empleados.

Sentimientos de desagrado en la mujer consecuencia de las acciones no recíprocas:

Esta experiencia produce sentimientos provocados con conductas que van desde un:

- Malestar y sensaciones de humillación
- La insatisfacción personal
- Molestia y depresión
- Tales conductas ofenden a quien las recibe e interfieren con sus actividades cotidianas.

El problema social que ocupa este problema es básicamente en todos los escenarios:

- Familiares
- Laborales

- Públicos
- Educativos

Sin embargo, el acoso sexual puede presentarse en cualquier ambiente donde interactúan hombres y mujeres se puede decir que en escenarios laborales es encontrado con una frecuencia del 40% y en los ámbitos educativos entre el 30% y 40%, sin embargo en las calles y lugares públicos donde ésta agresión se presenta de manera persistente extendida y constante.

Este es el espacio en el que ninguna mujer escapa de diversos abusos sexuales que van desde el chiflido hasta la violación.

La indefensión aprendida en la mujer ante el abuso sexual.

1. **Temor a denunciar el acoso sexual, debido a:**
   En la actualidad existen numerosos obstáculos sociales, impeditivos de una respuesta jurídica adecuada frente al acoso sexual, lo que justifica en gran medida la escasez de resoluciones en la jurisdicción social por ejemplo:

   - El temor de las denunciantes a una publicidad excesiva o malintencionada y a sus represalias.
   - La escasa sensibilidad de las personas que intervienen en las relaciones laborales y de los operadores jurídicos.
   - La clasificación del acoso sexual donde se supone que el acoso solo era reconocido como de "falta contra las personas".

Sin embargo, a nuestro entender, la actual clasificación contemplada se queda corta, porque no contempla situaciones que no suponen chantaje (es decir coacciones o vejaciones mediante palabras y actos que persigan favores sexuales para sí o terceros) y además, solo se refiere a superiores, jefes empresarios, cuando sabemos que también debe referirse a situaciones que se producen entre personas de las mismas categorías laborales que ellas, circunstancias, que dicho sea de paso, ya fueron criticadas.

6
Acción inmediata ante el acoso o violación sexual

SEXUAL

La mujer que sufre acoso sexual, recursos para ayudarla:

- Avisar a un padre, a un amigo, a un maestro, a un chofer de autobús, a un principal, a un consejero, o a un centro de ayuda para mujeres violadas.
- Tener el conocimiento de algún manual estudiantil de normas sobre el acoso, violación sexual, sobre los procedimientos para presentar una queja.
- En algunos casos, presentar una queja la policía para que exista un precedente.

Percepción de la mujer y forma de enfrentamiento

Una percepción muy alta de inseguridad ante ciertas características del medio ambiente simboliza situaciones amenazantes para la mujer probablemente hasta de ser victima, un ejemplo de ello es la situación que genera más inseguridad en la mujer siendo éstos los callejones obscuros caracterizados por ser espacios de donde no se puede escapar y que muy frecuentemente la mujer se ve expuesta a transitar en ellos.

El miedo de la mujer a que la victimen es un concepto que involucra una reacción emocional negativa que surge a partir de la idea de ser víctima de algún acto violento o criminal, o ante símbolos asociados con éstos.

La literatura al respecto ha señalado algunas variables individuales relacionadas con este miedo que abarcan aspectos cognitivos de personalidad y de experiencias previas a ser victimada, si bien, ésta última llega a tener una relación con criterios objetivos como el tipo de comunidad en la que se reside y la tasa de victimas.

Las mujeres estudiantes y las que trabajan pasan gran parte de su tiempo fuera del hogar por lo tanto aumenta el riesgo del acoso sexual aumentando más su percepción al peligro provocando diferentes formas de enfrentamiento y confrontación en su defensa, dando como resultado, que ésta desagradable situación cambie drásticamente su estilo de vida, la cual han llevado normalmente hasta que se presentan éstos acontecimientos que son una amenaza para ellas.

El acoso sexual; es visto como una forma de discriminación sexual a la mujer, que provoca daños a nivel individual, esta agresión del hombre hacia la víctima es un comportamiento que no es buscado y es ofensivo para la mujer. El acoso pude ser clasificado en las siguientes categorías generales: acoso de género, comportamiento seductor, solicitud de actividad sexual explícita con promesa de premio o castigo, y asalto o imposición sexual.

Los estudios que se han realizado ocupando muestras auto-seleccionadas tienden a reportar que entre un 70% y un 90% de las mujeres encuestadas han experimentado un tipo de atención sexual no deseada.

La problemática acerca de la definición de acoso sexual es que esta es lo suficientemente vaga para que diferentes personas tengan diferentes percepciones de lo que es el acoso sexual para ellas. Las diferentes percepciones pueden derivar en diferentes interpretaciones de lo que es considerado una conducta interpersonal aceptable. De hecho el mayor problema con los casos de acoso sexual es que la mayoría de los trabajadores no tienen certeza de lo que es acoso.

7
Manejo y tratamiento

Un tratamiento guiado por un psicoterapeuta aplicado al paciente, es mediante técnicas psicológicas utilizadas sistemáticamente en relación paciente-terapeuta. Puede ser el tratamiento, también familiar y grupal.

Siempre hay un grado de ansiedad y estrés en la persona afectada, por lo que se aplican técnicas adecuadas.

¿Cuáles son las técnicas de tratamiento más eficaces?

Las técnicas de tratamiento más eficaces que se usan habitualmente en la terapia de los trastornos de ansiedad son de varios tipos: técnicas farmacológicas, técnicas cognitivas, técnicas de relajación de la actividad fisiológica, y técnicas centradas en la conducta.

1. Técnicas farmacológicas:

Los ansiolíticos son un tipo de fármacos que reducen los síntomas de ansiedad rápidamente, lo cual resulta muy útil en el tratamiento. Ahora bien, con ellos no se aprende a controlar la ansiedad, por lo que, si se utilizan solos, no suelen curar el trastorno. Son útiles en caso de reacciones intensas, no controlables, pero hay que sustituirlos, poco a poco, por el autocontrol; de lo contrario, suelen degenerar en una adicción a este tipo de fármacos.

Deben acompañarse con una terapia psicológica llevando técnicas terapéuticas.

Debe estar prescrito y revisado (cada mes, o dos meses) por un especialista en farmacología, por ejemplo, un psiquiatra. Debe evitarse la automedicación, o la auto-experimentación, o el abandono del fármaco por decisión propia, tampoco debe tomarse el fármaco en función de un estado de ánimo, o decidir las cantidades a tomar según se encuentre la paciente.

2.-Técnicas cognitivas:

Las técnicas de tratamiento más eficaces que se usan habitualmente en la terapia de los trastornos de ansiedad son de varios tipos: técnicas farmacológicas, técnicas cognitivas, técnicas de relajación de la actividad fisiológica, y técnicas centradas en la conducta.

Son una serie de técnicas psicológicas en las que hay que comenzar por dar información sobre el trastorno, su curación, e información de ese tipo. Se basan en el entrenamiento del individuo en técnicas que mejoran su capacidad de auto-observación y auto-corrección de sus pensamientos, su conducta y sus emociones, algunas entrenan al paciente a interpretar situaciones de una manera menos amenazante (menos ansiógena), otras entrenan a los pacientes en habilidades especiales, como la solución de problemas, la toma de decisiones, otras técnicas cognitivas enseñan a identificar pensamientos negativos, errores en la interpretación de la realidad, tendencias individuales que generan ansiedad.

3. Técnicas de relajación de la actividad fisiológica:

Enseñan a las personas a relajarse, disminuir la activación fisiológica, soltar los músculos, respirar correctamente, imaginar, etc.

Hay que practicarlas todos los días. Existen diversos tipo de técnicas de relajación: muscular progresiva, respiración, imaginación, etc.

4. Las técnicas centradas en la conducta:

Resaltan la necesidad de exponerse a las situaciones temidas, acercándose a los estímulos que provocan la ansiedad (bajo situación de control), todo ello bajo el principio de aproximaciones sucesivas (poco a poco) y el principio del refuerzo (es importante premiarse por los éxitos, y corregir ante los fracasos, en lugar de castigarse).

Además, algunas técnicas enseñan al sujeto habilidades personales o sociales para enfrentarse mejor a las situaciones ansiógenas.

Objetivos del tratamiento

Se centran en ayudar al paciente a entender, integrar y resolver aquellas experiencias que afectan a su interacción con el entorno y, a su seguridad. En el contexto de la psicoterapia individual, el terapeuta ejerce el rol de un adulto con el que se puede relacionar de manera sana y segura. De esta manera se pretende que recupere la confianza básica en sí mismo y aprenda a relacionarse de manera adaptativa con otros adultos y con sus iguales (Urquiza y Winn, 1994).

Gallardo (1997b) indica además que el tratamiento debe ir encaminado a optimizar aquellas potencialidades que han quedado afectadas y a eliminar aquellas que favorecen el descontrol.

Se distinguen tres niveles de intervención: a nivel físico, emocional y comportamental. Se limitara al tratamiento de estos dos últimos.

Para el nivel físico, aunque puede tratarse desde el punto de vista psicológico, que es el diseño y la intervención médica. Esta intervención puede ser de forma individual o en equipo, además de interdisciplinar; en esta forma (en equipo e interdisciplinar), actuarían de modo conjunto: trabajador social, médico y psicólogo.

Echeburúa y Guerricaechevarría (2000) proponen como objetivos de las intervenciones, los siguientes:

a).- Como objetivo de la terapia psicoanalítica sería la "catarsis emocional" que consiste en favorecer la comunicación del paciente de las experiencias vividas.

b).- Objetivos de la psicoterapia cognitiva serían: la reestructuración cognitiva y el entrenamiento en habilidades específicas de afrontamiento de estrés.

c).- Objetivos del tratamiento conductual serían aumento o implantación de conductas deseables y reducción o eliminación de las indeseables.

Una exposición más detallada de los objetivos del tratamiento la encontramos en Arruabarrena (1996).

Reflexiones sobre el tratamiento con víctimas del abuso.

La terapia individual: es el recurso de intervención más utilizado con pacientes.

El tratamiento de la víctima, debe, ser diseñado "a medida" teniendo en cuenta la evaluación inicial y los problemas que manifiesta esa persona en concreto.

Ahora bien, existen unas normas generales en estos tratamientos a las que haremos referencia, como son:

En cualquier tipo de tratamiento se debe mostrar empatía, hacer saber al paciente que conocemos sus sentimientos y expresarle nuestro afecto.

Ayudarlo a reconocer sus sentimientos. El terapeuta debe inspirar confianza pues en ella se basa parte de su tarea. Cornejo (1996) indica que a veces el terapeuta pone todo su empeño en diseñar y planificar actividades para el tratamiento, y aunque esto es necesario, es más importante aún, que el paciente sienta que estamos dispuestos a ayudarle, que puede contar con nosotros y que tendrá una ayuda sistemática en la que puede confiar.

En la psicoterapia de orientación psicoanalítica:

Se trata en primer lugar de aliviar los síntomas que producen problema. El tratamiento consiste en interpretar la conducta como una defensa contra la ansiedad, en orden a poner fin a esa conducta.

En la terapia de relación:

Se intenta ayudar al niño a conseguir un sentimiento de valor personal, liberarlo de los efectos dañinos de su hostilidad y ansiedad. Esta terapia se centra en la situación actual y en la relación de paciente con el terapeuta.

La psicoterapia centrada en el cliente:

Intenta corregir un aprendizaje defectuoso, proporcionando al individuo la oportunidad de desarrollar una autoconciencia y una visión positiva de sí mismo. Estos enfoques se distinguen a lo largo de dos dimensiones principales: la postura activa o pasiva del terapeuta y el énfasis en la relación o en la técnica como factor que produce el cambio.

Técnicas de intervención

Más que técnicas pueden considerarse como un complemento de todas ellas.

Exponemos a continuación algunas técnicas usuales.

Actividades específicas:

1.- Conversaciones con el paciente.

El tratamiento debería incluir una serie de conversaciones y actitudes con el Paciente.

a) En cuanto al abuso sufrido

- Explicar que no son culpables del abuso, aunque así lo crean.
- Es preciso asegurar al paciente que el abuso no se repetirá, puesto que se han Tomado las medidas oportunas.
- Decirle que saldrá adelante, asegurando también nuestra ayuda.
- Explicarle que el abuso podrá superarse y que no determinará toda su vida.
- La vida debe continuar y normalizarse todo lo posible en el caso víctimas de Abusos sexuales.
- El terapeuta debe ocuparse de que el paciente no quede atascado en su Identidad de víctima.
- Las experiencias difíciles no pueden ser totalmente olvidadas y quizás no deberían olvidarse

completamente, pero sí deben ser asimiladas, integradas y transformadas, pasando de ser algo insoportablemente vergonzoso a un triste recuerdo que no tiene por qué suponer una memoria constante y un tormento sin fin.

- Motivarle para que hable del suceso y/o los sucesos de abuso que ha sufrido, aclarándole que es conveniente para ella, sin obligarle a que lo haga. No juzgar cuando relate los hechos e insistir en que no es culpable.

b) En cuanto a conductas sexuales

Hay que tener en cuenta que, cuando han sido víctimas de abuso es posible que se den en ellos conductas abusadoras, e incluso, lo que es más grave, que continúen manteniendo una relación con el abusador/a. Por esto, además, de una adecuada educación sexual ajustada a su nivel cognitivo, es necesario hablar de los temas que siguen.

La Sexualidad en relación con otros pueden ser adecuadas si cumplen las

Siguientes condiciones:

- Las relaciones sexuales pueden darse entre personas adultas, en forma Favorable.
- Es conveniente que sean entre personas de aproximadamente la misma edad.
- Deben ser con consentimiento mutuo.
- Fuera del ámbito de la familia.
- En una relación de pareja estable.

- Es conveniente explicar que estas conductas son íntimas y no deben
- Manifestarse en público.

2.- Relajación

Combatir el estrés

Este es un ejercicio ideal para aquellos momentos en los que se padece mucho estrés o presión..

Está indicado para lograr tranquilidad, no permitiendo que la mente siga analizando y dándole vueltas una y otra vez al asunto estresante.

Ejercicios de respiración

- Aprendiendo a respirar

Generalmente el ser humano respira solo lo necesario para subsistir sin darse cuenta de que en la respiración se oculta una increíble fuerza vital que nos ayudaría a revitalizar nuestro cuerpo, avanzar más rápido, crecer con más facilidad, traernos un bienestar, ... Etc. Y ni que decir tiene que incluso nos evitaría muchas de las enfermedades a las que estamos acostumbrados a sufrir. Por ello hay que aprender a respirar con nuestros tres puntos principales: el abdomen, el tórax y la clavícula.

- Respiración abdominal:

Sitúa tus manos sobre tu parte abdominal e intenta inflar la barriga como si tuvieras una pelota mediante la inspiración. Después mediante la espiración desinfla esa pelota lentamente.

- Respiración torácica:

Sitúa tus manos sobre tu tórax en el pecho y mientras inspiras comprueba que la zona pulmonar se ensancha y sale hacia afuera y que mientras espiras vuelve a su posición original.

- Respiración clavicular:

Posa tus manos sobre la clavícula un poco por encima de tu pecho y observa como al inspirar esa zona se sube y al espirar se baja. Una vez que te hayas familiarizado con cada tipo de respiración, intenta realizar en un ciclo completo de inspiración (abdominal-torácica-clavicular) y espiración (clavicular-torácica-abdominal) siete veces antes de levantarte de la cama y siete veces al acostarte, lo más lento y profundo que te sea posible sin sensación de ahogo, No fuerces si no puedes.

- Controlando la respiración

La respiración es muy importante para el bienestar interior, además un correcto flujo asegura una meditación bien hecha. Así pues te recomendamos que practiques la siguiente pauta que te proponemos hasta conseguir que tu respiración profunda sea fácil y casi automática. Esto es lo que debes hacer: comienza por inspirar en respiración completa como te enseñamos en el ejercicio "aprendiendo a respirar" contando mentalmente,1,2,3,4,5,6,7,8. Después contén la respiración contando 1, 2, 3, 4.

Y por último espira contando mentalmente 1, 2, 3, 4, 5, 6, 7, 8 .

Repite el proceso hasta que seas capaz de realizarlo con naturalidad. Cuando seas capaz de dominar el paso anterior, volverás a concentrarte esta vez realizando el siguiente ciclo respiratorio:

Inspiras contando mentalmente 1, 2, 3, 4.

Contienes la respiración contando 1, 2, 3, 4.

Y espiras contando 1, 2, 3, 4, 5, 6, 7, 8 .

Notarás que ahora tienes que aspirar más profundo para luego ir soltando el aire necesario para llegar hasta el 8, Practica hasta que lo domines. Cuando hayas dominado el anterior paso seguirás al siguiente:

Inspiras profundamente contando 1, 2, 3, 4.

Mantienes la respiración contando mentalmente 1, 2, 3, 4.

Y espiras contando 1, 2, 3, 4, 5, 6, 7, 8, 9, 10, 11, 12, 13, 14, 15, 16.

Repite el proceso hasta que lo domines, ahora cuando hayas dominado el paso anterior, llegamos por fin al resultado final que deberás controlar perfectamente y que podrás utilizar siempre que quieras para relajarte, para visualizar, para meditar. El proceso es el siguiente: aspiras contando mentalmente 1, 2, 3, 4. contienes la respiración contando mentalmente 1, 2, 3, 4.

Y espiras contando mentalmente 1, 2, 3, 4, 5, 6, 7, 8, 9, 10, 11, 12, 13, 14, 15, 16, 17, 18, 19, 20, 21, 22, 23, 24, 25, 26, 27, 28, 29, 30, 31, 32.

Mientras estés aprendiendo los pasos 1, 2, y 3 tómalo con calma repítelos varias veces hasta que sientas que los controlas, pero si observas que te mareas o que te encuentras mal, déjalo hasta después de ocho horas. Ten en cuenta que vas a oxigenar mucho el cerebro y como no estás acostumbrado te puedes marear.

Despierta correctamente

- Por muy contradictorio que pueda parecer es necesario relajarse todas las mañanas al levantarse.
- La mayoría de la gente se levanta de una manera incorrecta y eso puede afectar el resto del día muy negativamente.
- Así que aquí te vamos a enseñar una de las formas adecuadas para comenzar el día con buen pie: al despertarse por las mañanas no se debe abrir los ojos a medias ni estar en demasiada oscuridad.
- Más bien deben abrirse veloces y a ser posible hacia un póster, cuadro o ventana con algo bello.

- Una vez abiertos los ojos y situándonos boca arriba si no lo estábamos, estiraremos las piernas todo lo que podamos hacia la dirección a la que apuntan.
- Cuando consideres que ya te has estirado lo suficiente y que las piernas están más relajadas pasa al paso siguiente: Después siéntate en la cama y estira los brazos como hiciste con las piernas, pero dirígelos hacia arriba.
- A continuación bosteza y si te lo pide el cuerpo frótate los ojos. Cuando consideres que has terminado el paso anterior levántate y junta las piernas.
- Ahora vas a realizar rotaciones de rodillas en la dirección de las agujas del reloj al principio y al contrario al final en igual proporción.
- Después arquea la espalda y sitúa durante un rato las manos en los riñones.

Así ya estarás listo para comenzar el día de una manera despierta y más optimista.

Respiración Energética

Este tipo de respiración es ideal cuando tenemos sopor o necesitamos activarnos porque no damos despertado.

Es una respiración muy indicada para momentos en los que la vida nos pide movimiento y mucha vitalidad.

El ejercicio consta de los siguientes pasos que deberás hacer lentamente:

- Nos situaremos de pie con las piernas ligeramente separadas y los brazos relajados pegados al cuerpo.
- Después inspiraremos todo lo profundamente que podamos ya que el ejercicio se hará conteniendo la respiración.
- Inmediatamente después levantamos los brazos hacia el frente hasta situarlos totalmente en horizontal con respecto a nuestro tronco, las manos deben estar con la palma hacia abajo.
- Después cerramos las manos con fuerza de manera que nos queden los puños cerrados con presión.
- A continuación flexionamos los brazos hacia nuestro pecho sin perder la horizontal.
- Después los estiraremos, sin aflojar la tensión de los puños, hacia el frente haciendo fuerza como si empujáramos un mueble.
- Después los bajamos sin perder la tensión hacia la posición inicial, a lo largo de nuestro cuerpo.
- Relajamos los brazos y manos y soltamos todo el aire con fuerza. Descansamos y respiramos con normalidad.

8

Prevención

Acciones defensivas de la víctima: acoso sexual y los derechos humanos.

Definición y algunos ejemplos:

El acoso sexual ha sido definido como una "conducta no bienvenida de naturaleza sexual" que tiene un efecto negativo en el lugar en el que Ud. trabaja, reside o recibe servicios. Puede ser verbal o físico. Una atención "no bienvenida" incluye cualquier tipo de atención que una persona razonable sabría que no es aceptable o bienvenida.

El acoso sexual ocurre con frecuencia en una situación el cual el acosador tiene más poder que Usted, Los siguientes constituyen ejemplos de acoso sexual:

- abuso o amenaza verbal;
- comentarios, chistes, indirectas, sarcasmos que no son bienvenidos;

- despliegue de retratos pornográficos u otras fotografías ofensivas;
- invitaciones o propuestas que no son bienvenidas;
- miradas o gestos lascivos;
- contacto físico innecesario (tocar, dar palmadas, pellizcar)
- asalto sexual (éste puede ser una cuestión criminal)

El acoso sexual puede incluir comentarios negativos basados en el género. Comentarios del tipo:" vaca gorda" , "se menea como un pato", "las mujeres deberían regresar al hogar que es donde pertenecen", han sido considerados como acoso sexual. Por lo común las mujeres son acosadas por hombres. Algunos ejemplos:

El Sr. A le dio a su secretaria regalos inesperados y le escribió cartas afectuosas no deseadas. La llamó a su casa a la noche y le hizo comentarios sexualmente sugestivos.

La señorita B trabajaba en una tienda de videos. Uno de los empleados en forma regular intentaba hacerla mirar un libro conteniendo fotografías pornográficas. La señorita C, el individuo que le alquila la vivienda, empezó a aparecer en dicho lugar de noche. Le hacía preguntas como la siguiente: ¿No se siente sola sin un hombre en la casa? acompañadas con comentarios sexualmente explícitos. El Sr. D., un profesor, invitó a una de las estudiantes a su casa, ella pensó que otros estudiantes estarían también allí, pero en realidad estaban a solas, ella tuvo que defenderse de sus intentos para abrazarla y besarla.

Acoso sexual en el lugar de trabajo

El acoso sexual en el lugar de trabajo puede incluir la promesa de una recompensa a cambio de favores sexuales; o puede incluir la amenaza, explícita o no, de que si Ud. no acepta el acoso va a haber adversas consecuencias. Éstas pueden incluir la pérdida de su trabajo, o que Ud. no obtenga el horario que le convenga o ver disminuido su rango o que se le niegue una promoción.

El acoso sexual también puede tener lugar sin ninguna promesa de recompensa o amenazas. El acoso puede convertir al lugar de trabajo en un sitio intimidatorio, hostil u ofensivo. Suele llamárselo un ambiente laboral "envenenado".

¿Qué dice la ley sobre acoso sexual?

La víctima debe acreditar, a tal fin, la existencia de avances amorosos no queridos, bajo amenaza de represalia o, en su caso, la sumisión involuntaria al acoso, y el conocimiento de tales situaciones por el empresario (tolerancia a la creación de un clima de hostilidad).

Es válido cualquier medio probatorio, incluso el testimonial. No basta que demuestre la existencia de relaciones sexuales con su empleador o con un superior, ya que ello sólo corrobora que ha mediado seducción.

En definitiva, en el acoso sexual, el superior exige favores como contraprestación por un trabajo, una promoción u otros beneficios laborales y tal conducta -se debe afirmar- constituye una violación del contrato de trabajo.

El acoso sexual agravia, porque infravalora a la persona.

Debe haber solidaridad del resto del alumnado quienes, tienen que vencer el temor de la amenaza de perder la asignatura o el semestre o el año si denuncia, ya que si se calla, se convierte así cómplice del victimario.

El acoso sexual es una discriminación sobre la base del sexo. La ley dice que los empleadores tienen la obligación de proporcionar un ambiente laboral saludable y respetuoso, libre de acoso sexual. Si éste ocurre en el lugar de trabajo, los empleadores son responsables. Ellos han sido considerados responsables por el acoso al que se vieron sujetas sus empleadas por parte de sus supervisores, compañeros de trabajo o clientes. Las acciones no necesitan ser intencionales para ser consideradas como acoso sexual. La ley no acepta excusas como: "Era sólo un chiste" o "Lo dije como un cumplido".

Que se puede hacer?

A continuación encontrará algunas sugerencias para responder al acoso sexual:

Si Ud. esta siendo acosada sexualmente, es una buena idea pensar qué acción le convendría tomar. Tenga siempre presente que Ud. no tiene la culpa por ser acosada. Los acosadores son responsables de sus conductas personales.

- Registros: es muy importante dejar constancia por escrito del acoso. Anote las fechas, horarios y testigos. Éstos pueden incluir personas que presenciaron el acoso al igual que aquéllas con las que Ud. habló acerca del mismo. Registre exactamente qué es lo que dijo cada uno y cómo se sintió física y emocionalmente como resultado del acoso. Si ha recibido cartas del acosador, consérvelas. Esta información resultará vital, especialmente si Ud. va a presentar una queja por violación de derechos humanos.

- Hable acerca del acoso: Hable con sus compañeros de trabajo, o con otros inquilinos o estudiantes.

- Esto puede resultarle un poco difícil , especialmente al principio, pero puede ser muy útil. Si otros han visto el acoso, dígales que Ud. está considerando iniciar alguna acción. Si nadie vio el acoso, dígaselo a otras personas. Descríbales qué pasó o cómo se siente. Las personas que están enteradas del acoso pueden ser testigos para cuando Ud. inicie una acción. Es posible que el acosador esté acosando a otras personas también. Ud. puede hacerle saber al acosador qué es lo que Ud, piensa. Es una buena idea, hacerle saber que su comportamiento es inapropiado. Ud. puede hacerlo ignorando en forma consistente los comentarios y gestos sugerentes o bien diciéndoselo directamente. Ud. puede hacerlo personalmente o por escrito.

- Si Ud. se enfrenta directamente con el acosador, es conveniente ir acompañada para tener apoyo y contar con un testigo.

- Informe sobre el acoso: Informe sobre el acoso a su supervisor o al supervisor del acosador, al director de personal o de la facultad. Es una buena idea presentar la queja tan pronto como pueda. A veces, su demora en informar sobre el acoso puede ser interpretado como si Ud. no lo estuviera considerando como algo serio.

- Busque ayuda en la comunidad: Ud. puede obtener ayuda de un grupo de mujeres o de un grupo comunitario. Existen muchos grupos con experiencia para ayudarla a resolver el problema. Éstos pueden ayudarle a decidir qué acción le conviene tomar y proporcionarle apoyo emocional. Si Ud. necesita asistencia legal para tomar una decisión, Ud. puede contactar la oficina de la Sociedad de Servicios Legales más cercana. Si Ud. reside en una comunidad pequeña o el inglés no es su lengua materna, puede resultarle complicado tomar una acción para poner fin al acoso sexual del cual es objeto. En tales casos, Ud. puede contactar el centro para la mujer más cercano, organización para aborígenes o una agencia de servicios para inmigrantes para obtener asistencia.

Opciones legales

Ud. puede elegir una serie de opciones. Éstas incluyen:

- Usar un procedimiento interno para presentar una queja: Si la compañía en la cual trabaja o su Universidad ha adoptado una política en contra del acoso sexual, averigüe si tiene un procedimiento para presentar la queja. En caso contrario, Ud. puede consultar con el director de personal o al consejero estudiantil cuáles son los pasos que se deben seguir para presentarla.

- Usar el procedimiento sindical: Averigüe en que forma el sindicato trata los casos de acoso sexual. El acuerdo colectivo de trabajo puede tener una cláusula relativa al acoso o a la discriminación sexual.

- Presentar una queja ante la Comisión de Derechos Humanos de la Ciudad a que pertenece: Ud. puede escribir o llamar por teléfono a esta Comisión. Un oficial de derechos humanos le dirá si su queja puede considerarse como un caso amparado por el Código de Derechos Humanos. Ahí se le ayudará con los formularios necesarios. Ud. tiene que presentar su queja dentro del año en que el incidente ha ocurrido. En casos especiales, la Comisión puede extender este período. Los servicios que proporciona esta Comisión son gratuitos.

Duración del proceso

Si su queja es tratada en una audiencia tribunalicia, el proceso puede durar hasta dos años. Si se llega a un acuerdo entre las partes antes de la audiencia, el procedimiento no va a ser tan largo.

Respuestas a preguntas que pueden surgir:

¿Necesito a un abogado para presentar una queja?

No es necesario contar con la asistencia de un abogado, pero puede convenirle contar con esa asistencia legal si su caso se presenta en una audiencia ante el Tribunal de Derechos

Humanos. Ud. puede obtener asistencia legal contactando a la oficina local de la Sociedad de Servicios Legales. Ud. va a encontrar el número telefónico en la Guía telefónica.

¿Qué ocurre cuando presento una queja?

A veces puede ser que el oficial de derechos humanos lo ayude a resolver una queja sin tener que pasar por todo el proceso de queja formal. Él puede contactar a la persona objeto de su queja e intentar una mediación para lograr un acuerdo mutuamente satisfactorio. Si Ud. no puede llegar a un acuerdo, el oficial recomendará que su queja se deje sin efecto o bien que la Comisión siga adelante con la investigación.

¿Qué puedo esperar que ocurra durante la investigación?

El oficial va a hablar en forma individual con Ud. la persona contra la cual Ud. ha presentado su queja, y con cualquier testigo que puede ayudar a entender qué ha ocurrido. Si Ud. y la persona contra la cual Ud. ha presentado la queja, se ponen de acuerdo, pueden reunirse conjuntamente con el oficial. Éste entonces prepara un informe para la Comisión. Ambos recibirán una copia de dicho informe. Ud. puede proporcionar información adicional a la comisión hasta treinta días posteriores a la recepción del informe.

¿Qué ocurre después?

La Comisión se basará en el informe del oficial y toda otra información recibida en respuesta a dicho informe para decidir si deja sin efecto su queja o la remite a una audiencia ante el Tribunal de Derechos Humanos.

En caso de que se proceda a la audiencia, se le informará de la fecha, horario y lugar en el cual tendrá efecto. Ud. puede contactar a un abogado para que la represente en la audiencia. Ud. puede contar con Asistencia Legal.

¿Qué ocurre durante la audiencia?

En la audiencia, Ud. y la persona contra la cual se ha presentado la queja presentan sus historias a un miembro o panel del Tribunal. Esta evidencia se da bajo juramento. Ud. puede presentar testigos en la audiencia y toda información relacionada con su queja.

¿Qué ocurre una vez que se ha llegado a una decisión?

Después de la audiencia, el panel o miembros del Tribunal toman una decisión y mencionan las razones conducentes a dicha decisión por escrito. Ud. no puede apelar la decisión por medio de dicho Tribunal.

Para apelar la decisión de este Tribunal, tiene que solicitar una revisión judicial a la Suprema Corte. Ud. va a necesitar un abogado para que lo asesore. La persona contra la cual Ud. ha presentado la queja por acoso sexual, puede también solicitar una revisión judicial de la decisión adoptada por la audiencia. Si el panel o miembros del Tribunal, por el contrario, deciden que Ud. ha sido objeto de una discriminación, emitirá una orden prohibiendo toda discriminación contra Ud. u otras personas.

Además el Tribunal puede ordenar que Ud.:

- Recupere su trabajo, o el apartamento que Ud. estaba intentando alquilar o lo que Ud. haya perdido como consecuencia de la discriminación de la que Ud. fuera objeto;
- Recupere el dinero por el salario que Ud. puede haber perdido o la discriminación sufrida;
- Dinero por haber sufrido daño emocional.

¿Puede afectarme el presentar una queja?

De ninguna manera. Ud. y sus testigos están protegidos por la ley contra toda represalia una vez que Ud. ha presentado una queja ante la Comisión de Derechos Humanos.

¿En qué consiste la Mediación?

La mediación puede ocurrir en cualquier momento a partir de la presentación de la queja. Es un proceso en el cual el oficial habla con Ud. y la persona contra la cual se ha presentado la queja. Se trata de lograr una solución mutuamente aceptable. Si se logra este acuerdo, la queja no se considerará en una audiencia formal. La mediación puede ocurrir tanto cuando Ud. hace su primera llamada telefónica, como durante la investigación o después que se ha fijado una audiencia.

¿Quién puede ayudarle?

Ud. también puede optar por contactar a su centro comunitario local, una organización para aborígenes, una agencia de servicios para inmigrantes, un centro para mujeres, una biblioteca o una línea de crisis para información acerca de los recursos locales disponibles.

Nos preocupa también la falta de solidaridad del resto del alumnado quien, ante el temor de perder la asignatura o el semestre o el año, se calla, volviéndose así cómplice del victimario.

Prevenciones en diferentes situaciones:

Las Prevenciones académicas necesarias para evitar el acoso sexual. Propuesta.

- Educar a la facultad sobre asuntos de acoso sexual por medio de asesorías de personas especializada..
- Entrenar a los estudiantes sobre como percibir conductas de peligro que puedan provocar acoso sexual.
- Investigar y tomar medidas apropiadas e inmediatas, cuando haya una queja.
- Implementar e imponer normas y castigos en contra de las personas con conductas de acoso sexual.
- Entrevistar a estudiantes y miembros de la facultad para descubrir los casos de acoso sexual en la escuela.
- Ofrecer grupos de apoyo y vigilancia, para las estudiantes que se quejan del acoso sexual.

- Incluir el tema de acoso sexual en el plan de estudios; en una clase de salud mental, para detener el acoso sexual en todas las escuelas públicas y privadas.

Hay que llamar la atención de los Centros de Estudiantes para que se solidaricen pronunciándose públicamente también ante estos delitos que afectan a más de la mitad de la población estudiantil porque, al irrespetar, descalificar, maltratar, humillar a una sola mujer las están irrespetando, descalificando, maltratando y humillando a todas.

Prevenciones ante el acoso sexual, en la calle, escuela, trabajo, familia, etc.

No obstante, la esta clasificación supone, a nuestro juicio, destacados aspectos positivos, ya que el acoso ya es considerado como un delito en el código penal en México:

- Quedando como una tipificación tiene una función pedagógica preventiva, en el sentido de que, al ser catalogado como un delito, el acosador, sabrá que puede ser castigado por la ley.
- La expresión de este delito a otros ámbitos no son estrictamente laborales, sino al docente, en la calle e incluso en la familia..
- La difusión de este delito abre concienciación social.
- El hecho de establecer una pena de fin de semana o multa es un aspecto positivo, pues se trata de evitar, al igual que en otros delitos menores, que el culpable tenga que abandonar su trabajo y finalmente salga perjudicada su familia.

Junto con estas circunstancias positivas derivadas directamente de la tipificación penal del acoso sexual, justo es destacar como eminentemente positivo, el avance jurisprudencial que tímidamente se empieza a iniciar e implantar, o sea, una flexibilización de la carga de la prueba, radicando su importancia en este tipo de delitos, donde exista una probatoria para que se constaten los hechos cuando:

1) Se trata de actos en los que no existen testigos, o, si los hay, no se comprometen por miedo a que el empresario o la empresaria pueda tomar represalias por sus declaraciones.

2) En muchas ocasiones, no hay más constancia que el testimonio De la víctima.

3) No existen, normalmente, evidencias físicas, salvo que el acoso.

4) halla sido acompañado de actos de violencia de cierta entidad, en cuyo caso, muy probablemente ya no se trate de acoso, sino de abuso o agresión sexual.

5) Falta de pruebas documentadas.

Aquí se señalan aspectos prácticos a tener en cuenta en la denuncia del acoso sexual, recordando que:

- Las trabajadoras tienen derecho a no ser discriminadas por razones de sexo.
- Debe haber respeto a su intimidad y a la consideración debida a su dignidad, comprendida la protección frente a ofensas verbales o físicas de naturaleza sexual".
- El acoso sexual es como una falta del derecho al respeto a la dignidad personal.

Es preciso tomar en cuenta, que no se puede castigar al infractor dos veces por el mismo acto. Por ello hay que elegir el camino correcto, teniendo en cuenta las siguientes consideraciones:

1. No denunciar ante el Juzgado, antes de tener todas las pruebas convincentes del delito al que fue objeto.
2. Hablar con profesionales.
3. Recoger pruebas: mensajes, notas, testigos, grabaciones (en el procedimiento laboral se admiten).
4. Pedir la baja por Incapacidad Temporal por depresión, percibiendo el 100% del salario. Y que se califique como accidente de trabajo las lesiones físicas o psíquicas que la trabajadora pueda sufrir como consecuencia de las agresiones producidas por acoso sexual.
5. Solicitar apoyo psicológico a través de los médicos especialistas de la Seguridad Social. Como psicólogo o psiquiatra, éste debe realizar un informe o varios que se aportarán como prueba en el procedimiento.
6. Debe solicitarse una sentencia laboral donde:

   • Se le ordene al ofensor el cese del comportamiento
   • La reposición de tranquilidad y confianza de la agredida que tenía al momento anterior a producirse la agresión.
   • La reparación de las consecuencias derivadas del acto.
   • Indemnización por daños morales.

7. Para obtener la sanción, debe la ofendida probar el acoso valiéndose de los hechos probados con testigos,

documentos exámenes de agresión si la hubo, etc., en los momentos de la agresión.

Prevenciones en la escuela y trabajo, para evitar el acoso sexual.

El Acoso Sexual es un problema en las escuelas. Estudios recientes indican que acoso sexual entre estudiantes es un problema común en las escuelas. El 80% de estudiantes dicen que han sido acosados sexualmente. El 50% de mujeres adolescentes han sido acosadas en la escuela y el 30% han sido acosadas en el trabajo y otro porcentaje bastante alto 60% en su casa por sus familiares varones.

La prevención del acoso sexual en el lugar de la escuela y trabajo ha recibido considerable atención en la literatura popular. La prevención se ha focalizado tradicionalmente en políticas de prevención organizacionales y en programas educacionales y de entrenamiento para las potenciales víctimas, las nuevas políticas hacen hincapié en el trabajo de prevención sobre los posibles acosadores. Si bien se tiene la percepción de que este tipo de programas ha tenido éxito, existe muy poca investigación evaluativo de éstos, lo que lleva una falta de conocimientos preocupante sobre la eficacia de los programas con los que se cuenta para prevenir el acoso sexual. Son pocos los estudios que investigan los efectos de programas de entrenamiento sobre percepción de acoso sexual en posibles víctimas. Por otro lado, son también pocos los estudios que han demostrado, con la evaluación adecuada, ser eficaces para entrenar a los potenciales acosadores para cambiar sus comportamientos, actitudes y conocimiento.

Medidas preventivas a las mujeres: Asistir a programas de entrenamiento para posibles víctimas de acoso sexual

Las políticas y procedimientos no pueden cambiar por sí solas las actitudes y los comportamientos sobre acoso sexual, por lo que se hace necesario el entrenamiento. De este modo, algunas organizaciones ofrecen programas de entrenamiento sobre acoso sexual usando videos donde se ilustran variadas formas de acoso sexual. Estos videos facilitan el aprendizaje basándose en los principios del aprendizaje de observación.

Programas de entrenamiento en percepción de acoso sexual basados en video producen un incremento en el aprendizaje y percepción para reconocer conductas de acoso sexual.

Medidas preventivas para los acosadores directamente: Creación y asistencia a programas de entrenamiento para los ya detectados como posibles acosadores.

Los videos cumplirían con la función de reducir los comportamientos inapropiados e incrementar el conocimiento sobre acoso sexual, podrían ser efectivos para cambiar actitudes, sensibilizándolos con métodos de experiencias directas, como "role-playing", discusiones en terapias de grupo, etc., que son más apropiados para lograr este cambio.

Medidas preventivas para: Hacer cambios en el clima organizacional

Modificar el clima organizacional, presentaría mayores probabilidades de éxito; existen dos factores importantes predictores del acoso sexual son:

- Que no haya un clima permisivo del acoso en la organización.
- Evitar un contexto de dominación masculina, tanto en número como en atribución de roles.
- Junto con la presencia de políticas claras, procedimientos accesibles y el apropiado diseño e implementación de programas, es necesario atender al contexto de género del grupo. Esto implica llevar el número de mujeres a una proporción semejante a la de hombres dentro de la organización, ya que altos niveles de acoso están asociados a un bajo número de mujeres dentro del ambiente laboral y estudiantil.

Medidas preventivas para: La detección del acoso sexual laboral:

Se señala que el término acoso traduce la idea de perseguir sin dar tregua, a una persona, y que trasladado al plano sexual, conlleva la idea de hacerlo a fin de obtener un favor sexual.

La citada conducta puede ser ejercitada en el entorno laboral, debido a la situación de inferioridad jurídica y económica en que se encuentran las empleadas.

- Pueden ser sujetos activos de la conducta ilícita, tanto el propio empleador, como un subordinado con poder de mando o dirección concreta sobre la trabajadora.
- La persona ofendida tiende a una conducta de reprimir, ha de ser siempre comúnmente una trabajadora quién en principio, debe rechazar el acoso sexual, ya que si acepta la propuesta de su superior corresponde simplemente, que en lugar de acoso sexual hubo seducción.
- Un empleador, un directivo, o un alto empleado puede utilizar su potestad de mando para seducir sin que la consumación de sus deseos implique acoso sexual.

Medidas preventivas: Hacia las acciones defensivas del acosador:

- No han existido amenazas (despido, sanción, postergación en el ascenso, etc) o se haya creado un ambiente hostil para lograr el consentimiento de la trabajadora.
- El empleador ante una denuncia de acoso sexual se defiende para demostrar:

a) Que no realizó acoso sexual, (falsedad de la imputación).

b) Que la invitación sexual fue bienvenida y que el sujeto presuntamente afectado, aprovechó voluntariamente la relación amorosa para beneficiarse dentro de la empresa.

Supremacía Masculina

Es quien ejerce el abuso sexual y no aprende a regular, a medir, a decir, a escuchar y respetar mensajes de si mismo y de la otra persona, como son:

EJ. Mensajes de él mismo:

- "no debo hacerlo", "es penado por la ley", "esto es malo", "si se enteran me meten a la cárcel", etc.

Mensajes de la víctima:

- "no quiero", "déjeme", "por favor no", "quítate me haces daño", "me lastima", etc.

Al abusador estos mensajes se le borran, se le diluyen o pierden firmeza, lo que trae como consecuencia, que siga abusando sexualmente tanto de niñas, niños, jóvenes adolescentes, mujeres. destruyendo la tranquilidad de un hogar o una familia.

¿Qué pasa con los medios de comunicación?

Lamentablemente contribuyen a insensibilizar, los abusos y la violencia. casi cualquier conducta humana aberrante puede ser filmada y exhibida, incluidas matanzas, violaciones, torturas y mutilaciones; como lo presenciamos cada vez que encendemos el televisor.

Nuestra capacidad de reacción frente a esos actos monstruosos va anulándose progresivamente; pasan a ser casi actos "naturales", debido a la frecuencia con que aparece su imagen contribuyendo a "naturalizar" la violencia creando un mundo mas contaminado.

9

Estudio De Caso

Ella era en aquel entonces una niña, hija de una familia compuesta por los padres y un hermano, siendo ella la menor, tenia 7 años de edad, quien desde que escuchó a un grupo musical compuesto por una famosa y controversial interprete cantante perpetradora 2 y sus acompañantes musicales, ellos fueron su gran admiración infantil, víctima siempre acudía con su mamá y hermano y en ocasiones hasta llevaba a sus primas o amiguitas, a los conciertos o presentaciones que se daban en Chihuahua, de este grupo de cantantes, esto hizo que poco a poco se estableciera una extraña amistad, (debido a la diferencia de edades), por parte de la artista hacia la niña y por consiguiente con la familia de la niña, terminando por integrar víctima el Club de "Fans" en Chihuahua, de dicha artista. víctima adoptaba el estereotipo de vestimenta de perpetradora 2, cuando cantaba en fiestas infantiles familiares o escolares.

En todo momento era su plática de admiración hacia ella. Era su ídolo. Durante su crecimiento y su avance escolar hasta terminar sexto año de primaria, a los doce años, era tanta la admiración y cariño que sentía por la artista, que confiaba totalmente en ella.

Tras esos años de amistad con las artistas, lograron ganar la confianza de la familia, pues ya iban a visitar a la familia de la víctima, cuando tenían presentaciones en Chihuahua, o bien, los invitaban a los conciertos en México y al departamento o casa donde vivían durante esos años, ellas platicaban a la familia que ellas eran un grupo de muchachas que vivían en México, juntas como si fueran hermanas y se cuidaban unas a otras, así como también, mencionaban de ves en cuando al representante musical que tenían, conocido en todos los medios como famoso artista y compositor del OTI y de muchas canciones que cantaban artistas famosas, el prestigio artístico que él tenia en las televisoras y ambiente musical, el grupo musical encabezado por perpetradora 2 y perpetradora 3, ellas mencionaban que su representante era el perpetrador 1.

Fue entonces, cuando víctima salio de la escuela primaria, y la invitaron a estudiar piano en la CD. de México con la promesa de integrarla en el grupo musical como tecladista. Cuando la Familia de la víctima después de una relación de confianza de 5 años con perpetradora 2 y perpetradora 3 dan el permiso a víctima, para que estudie piano en México; las artistas, debido a que víctima era menor de edad, le pidieron a los padres un permiso notarial para que viajara en avión con ellas e inscribirla para estudiar en México.

Todo fue una hermosa ilusión para víctima, ser una futura artista, como habían visto en televisión a otras niñas de su edad inclusive mas chicas, sus padres aunque tristes por la separación, sabían que era para la realización y sueño de víctima ser artista como perpetradora 2, ellos estaban orgullosos de ser sus padres, por el gran aplomo y seguridad de su hija, aparte la verían seguido como lo había prometido perpetradora 2.

Para la víctima, todo cambió en su vida al momento de llegar a México, todo se desenvolvió en un completo desconcierto para ella, las promesas de hacerla artista, la de inscribirla en una escuela para estudiar piano, el trato duro de las integrantes del grupo artístico, hacia ella, las platicas de sexo que tenían con ella diciéndole que ella era ya una mujer, y que era extraño que no hubiera tenido novio y relaciones sexuales, que en México niñas de su edad ya eran unas señoritas independientes, como ellas.

Lo que le pasó después, fue una dolorosa experiencia, acompañada con sentimientos de ambivalencia, sintiendo negación, algunas veces, y odio en otras, cuando accedía a lo que le pedían que hiciera y después se sentía mal, con sentimiento de culpa.

La reacción ante la violación sexual de la que fue objeto, por el representante artístico perpetrador 1, siendo una niña de 12 años, fue muy traumática, ya que esta acción fue planeada por una persona que consideraba su gran amiga, perpetradora 2 y se decía su amiga y protectora, para víctima, perpetradora 2 era una joven a la que admiraba como artista.

El dolor del silencio, la estigmatización interna, hacia que además de violada sexualmente, se sintiera con frecuencia peor que el dolor de la experiencia misma, el trauma crecía peor cuando es objeto de utilización sexual constante por el representante artístico, quien la privaba de la libertad de expresión y acción, al no poder hablar a sus padres ni a otras personas, ó para pedir ayuda a las autoridades.

Estos acontecimientos le provocan enorme estrago en su vida, quedando atrapada en el dilema de una situación, donde no había manera de ganar.

Este trauma Psicológico se le manifestó en su personalidad con:

- Una depresión severa.
- Despersonalización
- Retraimiento y desconcierto
- Abrumación por lo vivido
- Desesperanza de volver con su familia
- Sentimientos de culpa, suciedad.
- Auto devaluación extrema, (se sentía pecadora).
- Preocupación y pesimismo
- Pensamientos de muerte
- Abatimiento y lentitud psicomotora.

En general la víctima era parte de una confusa inundación de sentimientos y sensaciones, totalmente empequeñecidos por el sobrecogedor entendimiento de estar desvalida y desprotegida e invadida de culpabilidad, ira y miedo.

Su indefensión era estar al margen de los deseos, insanos del representante artístico, de su ídolo y amiga perpetradora 2, quien la había engañado, diciéndole que iba a estudiar piano en México, e iba a convertirla en una niña artista. Todo esto apoyada perpetradora 2 por su compañera, perpetradora 3 y hurgado por el representante artístico del grupo, perpetrador 1, un plan llevado a cabo, con la familia, desde que la víctima tenía 7 años de edad.

Estos casos como muchos otros, muchos que suceden en diferentes ciudades del mundo, no tienen finales felices los culpables la mayoría están libres, y ellas, las victimas, siguen siendo estigmatizadas por la sociedad y la ley si comprender, que si existen este tipo de abusos, pero en la mayoría de estos casos, las demandas de ayuda legal o social no son atendidas adecuadamente, en muchas ciudades, las victimas se han visto obligadas a formar instituciones para este tipo de abusos, ya que desgraciadamente la connotación social y legal, en las mujeres, así sean unas niñas, argumentan que fueron ellas las que provocaron al hombre para que abusaran de ellas, esto es inaudito, e increíblemente esto, se sigue dando.

10

Conclusión

El acoso sexual es un problema que tiene gran importancia, debido a las consecuencias negativas que trae a todas las personas que la sufren, así como también, para las organizaciones que los acogen.

Según se desprende de las investigaciones en estudio, el acoso sexual es un problema muy relacionado con las percepciones individuales y el contexto social en el cual esta se realiza. A diferencia de otro tipo de asuntos, como el aborto o la violación, que presentan variados indicadores "objetivos" de su presencia (un feto muerto o un examen médico, respectivamente), los cuales son considerados válidos por casi todos los miembros de nuestra cultura, la mayoría de las conductas que constituirían acoso sexual, no pueden ser categorizadas como tales, sin apelar a los motivos del supuesto acosador, lo que implica una gran fuente de subjetividad en el juicio de estos comportamientos.

Es a partir de estos razonamientos que algunos autores llegan a afirmar que la definición de acoso sexual no puede ser realizada de manera objetiva, sino sólo subjetiva.

Ateniéndonos a los postulados de las nuevas líneas de la psicología que instan a poner la realidad entre paréntesis, se puede afirmar que siendo todo el hecho social una creación continúa de relatos y constructos, la definición objetiva de acoso sexual sería imposible y sólo es posible llegar a una "objetividad" de definición basándose en el diálogo y el consenso. No es otro el afán de algunas organizaciones al instaurar determinadas políticas sobre lo que se definirá como acoso, que reformulan al instante de ser creadas lo que se entiende por acoso.

Entre aquellos posibles temas que podrían ser investigados, se encuentran:

- Determinar la prevalecía del problema del acoso sexual en las Universidades para determinar, primero, si el problema es de importancia y, segundo, si el problema es relevante, averiguar si este tiene como fuente las relaciones entre compañeros de carrera o en la relación docente-alumno.
- Encontrar cuales son las conceptualizaciones existentes acerca de los motivos que pueden llevar al acoso sexual y su relación con la percepción de situaciones de acoso sexual, ya sean referidas verbalmente o a través de una exposición audio-visual.
- Comprobar empíricamente la validez empírica del modelo de sobrepeso del rol sexual en carreras que presenten distintas proporciones de hombres en relación al número de mujeres.

Se puede afirmar que el acoso sexual es un paso anterior al abuso sexual o violación sexual, y si no se determina como peligro legal, el acoso sexual, lo mas lógico es que sigan ejecutándose los delitos de violación sexual, por lo tanto las medidas preventivas a este delito están nulas por la justicia.

BIBLIOGRAFÍA

- **BEDOLLA ,P. (1993).** "El hostigamiento sexual y su aproximación al conocimiento del hostigador sexual", En estudios de Género y Feminismo II México: UNAM- Fontamara.
- **CALLE, M. , GONZALEZ, R. Y NUÑEZ, T. (1987).** "Discriminación y acoso sexual a la mujer en el trabajo" , Madrid : Fundación Largo Caballero.
- **GARCIA ,B Y BEDOLLA, P. (1989).** "Acercamientos metodológicos al estudio del hostigamiento sexual", En estudios de Género Feminismo I , México : Fontamara - UNAM.
- **GARCIA ,B. (1994 en prensa)."**Conductas que componen el hostigamiento sexual hacia las mujeres" La Psicología Social en México Vol. V . AMEPSO.
- **GUTEK, B. , DUNWOODY, C. (1987)."** Understanding sex in the workplace " , En A.H. Stromberg y B.A. Gutek : Women and work . An Annual Review , 2, 249 - 269.
- **PALUDI, M .(1990).** "Ivory Power: Sexual harassment on campus" ,New York: State University of New York Press.
- **GORDON , M. , RIGER , S. (1989).** " The Female Fear" , New York : Free Press .
- **PAIN , R. (1990).** "Space sexual violence and social control": Integrating gographical and feminist analyses

of women's fear of crime. Progress in human geography , 15(4), 415-431.

- **RAMOS , L .L . (1990).**" Un modelo explicativo del miedo a la victimación y sus consecuencias en dos comunidades de la ciudad de México",Referencia tésis,Maestría UNAM.
- **SALDIVAR,H.G.** (1993)."Inseguridad percibida, conductas de evitación y autoprotección en mujeres de la cd. de México" , Referencias Tesis , UNAM.
- **WARR,M(1990).**"Dangerous situations social context and fear of victimization" , Social Forces , 68 , (3) : 891- 907.
- **RIGER ,S. (1982).** "Coping with urban crime : women's use of precautionary behaviors. American Journal of Community Psychology , 10 (4) : 369-387.
- **O'BRYANT,S.L ; STAFFORD, K . (1991).**" Fear of crime and perceived risk among older widowed women" , Journal of Community Psychology, 19 166-177.
- **RAMOS .L.L (1992).** " Violencia , victimación y salud mental" , Reporte Final Interno del I.M.P.
- **GÓMEZ REYES, A. A. (2002),** "La Percepción de la Mujer ante el Acoso, Violación y Victimación Sexual", 8ª Semana Nacional de Ciencia y Tecnología 2002, 22 al 28 de octubre, participación Escuela Libre de Psicología A.C.

- Barak, A., Fisher, W. & Houston, S. (1992). Individual difference correlates of the experience of sexual harassment among female university students. *Journal of Applied Social Psychology,* **22**, 17-37

- Blakely, G., Blakely, E. & Moorman, R. (1998). The effects of training on perceptions of sexual harassment allegations. *Journal of Applied Social Psychology*, **28**, 71-83
- Ellis, S. , Barak, A. & Pinto A. (1991). Moderating effects of personal cognitions on experienced and perceived sexual harassment of woman at the workplace. *Journal of Applied Social Psychology*, **21**, 1320-1337
- Hesson-McInnis, M.S. & Fitzgerald, L.F. (1997). Sexual harassment: a preliminary test of an integrative model. *Journal of Applied Social Psychology*, **27**, 877-901
- Johnson, J., Benson, C., Teasdale, A., Simmons, S. & Reed, W. (1997). Perceptual ambiguity, gender and target intoxication: assesing the effects of factors that moderate perceptions of sexual harassment.*Journal of Applied Social Psychology*, **27**, 1209-1221.
- Menon, S. & Kanekar, S. (1992). Attitudes toward sexual harassment of women in India.*Journal of Applied Social Psychology*, **22**, 1940-1958
- Moyer, R. & Nath, A. (1998). Some effects of brief training interventions on perceptions of sexual harassment. *Journal of Applied Social Psychology*, **28**, 333-356.
- Perry, E., Kulik, C. & Schmidtke, J. (1998). Individual differences in the effectiveness of sexual harassment awareness training. *Journal of Applied Social Psychology* , **28**, 698-723.
- Popovich, P. , Gehaulf, D., Jelton, J., Everton, W., Godinho, R., Mastrangelo, P. & Somers, J. (1996). Physical attractiveness and sexual harassment: does every picture tell a story or every story draw a picture?. *Journal of Applied Social Psychology* , **26**, 520-542.

- Sheffey, S. & Scott, R. (1992). Perceptions of sexual harassment in the workplace. *Journal of Applied Social Psychology*, **22**, 1502-1520
- Williams, C.W.,Brown, R., Lees-Haley, P.& Price, J.R. (1995). An atributional (causal dimensional) analysis of perceptions of sexual harassment. *Journal of Applied Social Psychology* , **25**, 1169-1183.
- http://www.igc.org/tcrp/TEAM/SHIPSacts_spanish.htm
- ACOSO SEXUAL : Carmen Palmieri (mazapal@starnet.net.gt), Tertulia (Guatemala), 11-IX-99
- Pose, Carlos. Reflexiones sobre el acoso sexual. Derecho del Trabajo. Editorial La Ley. (Buenos Aires), año LII, Abril, 1992. p. 659-662.
- http://www.congreso.cl/biblioteca/estudios/acososex.htm
- http://www.tercera.ia.cl/diario/2000/04/22/t-22.12.3a.CRO.ACOSO.html
- Profra. Vittoria Ferrara-Bardile Coordinadora Nacional de la Red Universitaria Venezolana de Estudios de las Mujeres (REUVEM)
- Dra. Elida Aponte Sánchez Coordinadora de las Segundas Jornadas sobre Género y Democracia Coord. de los Estudios de Género de la Sección de Antropología Jurídica del IFD,
- Facultad de Ciencias Jurídicas y Políticas de la Universidad del Zulia. elidar@telcel.net.ve
- http://www.nlm.nih.gov/medlineplus/spanish/ency/article/000956.htm
- www.iessuel.org/salud/mental0.httm
- http://es.wikipedia.org/wiki/Fobia
- http://www.cepvi.com/articulos/obsesiones.htm

- http://www.nami.org/Content/ContentGroups/
  Helpline1/Trastorno_obsesivocompulsivo_-_Obsessive_
  Compulsive_Disorder_(Spanish).htm

- Referencias
- ADIMA. (1993). Guía de atención al maltrato infantil en Andalucía. Sevilla: ADIMA.
- AISPAS. (1998) . Derapaje. Video and illustrations for the prevention of child abuse. Saint- Etienne: AISPAS.
- Alonso, J.A. (1994). La curación por la música. Madrid: LIBSA.
- Arruabarrena, Mª.I. (1996). Evaluación y tratamiento familiar. En J. de Paúl y Mª. I. Arruabarrena (Eds.), Manual de protección infantil (pp. 312-324). Barcelona: MASSON.
- Arruabarrena, Mª.I. y de Paúl, J. (1994). Maltrato a los niños en familia. Evaluación y tratamiento. Madrid: Pirámide.
- Bragado, C. (1993). Terapia de conducta en la infancia: trastornos de ansiedad. Madrid: Fundación Universidad-Empresa.
- Caballo, V.E. (1993). Manual de evaluación y entrenamiento de las habilidades sociales. Madrid: Siglo XXI.
- Camp, L. (1985). Abuso Sexual de Menores. Cómo podemos proteger a nuestros hijos. Revista Ser Padres Hoy, 130 18-20.
- Cantón, J. y Cortés, Mª.R. (2000). El abuso sexual en la infancia. En Cantón, J. y Cortés, Mª.R. (Eds.) Guía para la evaluación del abuso sexual infantil (pp.13-45). Madrid: Pirámide.

- Cautela J.R. y Groden, J. (1989). Técnicas de relajación. Manual práctico para adultos, niños y educación especial. Barcelona: Martínez Roca.
- Cirillo, S. y Di Blasio, P. (1997). Niños maltratados. Diagnóstico y terapia familiar. Barcelona: Paidós. (Orig.:1989).
- Cornejo, L. (1996). Manual de terapia infantil gestáltica. Bilbao: Desclée de Brouwer.
- De Paúl, J. (2000). La Violencia Familiar. Conferencia impartida en la Universidad de Málaga. No publicada. Tratamiento psicológico de niños víctimas de abuso 23
- Del Barrio, M.V. (1997). Tratamiento de la depresión infantil y juvenil. En M. Jiménez (Ed.), Tratamiento psicológico de los problemas infantiles (pp.147-164). Málaga: Aljibe.
- Del Campo, A. y López, F. (1997a). Prevención de abusos sexuales a menores. Guía para padres y madres. Madrid: Amarú y Ministerio de Trabajo y Asuntos sociales.
- Del Campo, A. y López, F. (1997b). Prevención de abusos sexuales a menores. Guía para los educadores . Madrid: Amarú y Ministerio de Trabajo y Asuntos sociales.
- Del Campo, A. y López, F. (1997c). Prevención de abusos sexuales a menores. Unidad didáctica para educación infantil (3-6 años). Madrid: Amarú y Ministerio de Trabajo y Asuntos sociales.
- Del Campo, A. y López, F. (1997d).Prevención de abusos sexuales a menores. Unidad didáctica para educación primaria (6-12 años). Madrid: Amarú y Ministerio de Trabajo y Asuntos sociales.
- Del Campo, A. y López, F. (1997e). Prevención de abusos sexuales a menores. . Unidad didáctica para educación

secundaria (12-18 años). Madrid: Amarú y Ministerio de Trabajo y Asuntos sociales.

- Echeburúa, E. y Guerricaechevarría, C.(2000). Abuso sexual en la infancia: víctimas y agresores. Barcelona: Ariel

- Escuela Española (1998). El 23% de las niñas y un 15 % de los niños sufre abuso sexual en España, 3370, p. 864.

- Finkelhor D. y Browne, W. (1985). Sexually victimized children. Nueva York: Free Press.

- Finkelhor, D. (2000). En E. Ullmann y H. Werner, Infancia y trauma: separación, abuso, guerra. Madrid: Brand Editorial.

- Forward, S. y Buck, C. (1990). Padres que odian. Barcelona: Grijalbo.

- Furth, G.M. (1998). El secreto mundo de los dibujos. Barcelona: Océano.

- Gallardo, J.A. (1997a). El maltrato infantil en la familia. En M. Jiménez (Ed.), Psicopatología infantil (pp.245-257). Málaga: Aljibe. Tratamiento psicológico de niños víctimas de abuso 24

- Gallardo, J.A. (1997b). Intervención y tratamiento en el maltrato infantil. En M. Jiménez (Ed.), Tratamiento psicológico de los problemas infantiles (pp.291-307). Málaga: Aljibe.

- Gallardo, J.A., Trianes, M.V. y Jiménez, M. (1998). El maltrato físico hacia la infancia. Universidad de Málaga: Servicio de Publicaciones.

- Glaser, D. y Frosh, S. (1997). Abuso sexual de niños. Buenos Aires: Paidós.

- Hirigoyen, M.F. (1999). El acoso moral. Barcelona: Paidós Ibérica.

- Jiménez, M. (1997). Tratamiento psicológico infantil: aspectos básicos. En M. Jiménez (Ed.), Tratamiento psicológico de los problemas infantiles (pp.15-48). Málaga: Aljibe.
- Junta de Andalucía (1999a). Educación Afectivo-Sexual en la Educación Infantil. Guía para el profesorado. Málaga: Consejería de Educación y Ciencia. Instituto Andaluz de la Mujer.
- Junta de Andalucía (1999b). Educación Afectivo-Sexual en la Educación Infantil. Material Didáctico. Málaga: Consejería de Educación y Ciencia. Instituto Andaluz de la Mujer.
- Junta de Andalucía (1999c). Educación Afectivo-Sexual en la Educación Primaria. Guía para el profesorado. Málaga: Consejería de Educación y Ciencia. Instituto Andaluz de la Mujer.
- Junta de Andalucía (1999d). Educación Afectivo-Sexual en la Educación Primaria. Material Didáctico A. Málaga: Consejería de Educación y Ciencia. Instituto Andaluz de la Mujer.
- Junta de Andalucía (1999e). Educación Afectivo-Sexual en la Educación Primaria. Material Didáctico B. Málaga: Consejería de Educación y Ciencia. Instituto Andaluz de la Mujer.
- Juvonen, A. (1998) Prevención. En R. Barnen. Secrets that Destroy. Madrid: International Save the Children (p.14).
- Liberman, L. (1992). El árbol de la chicoca. (Vídeo). México. D.F.: (Autor).
- López, F. (1995). Prevención de los abusos sexuales de menores y educación sexual. Salamanca: Amarú Ediciones.

Tratamiento psicológico de niños víctimas de abuso 25

- López, F. (1998). Prevención. En R. Barnen. Secrets that Destroy. Madrid: International Save the Children (p.12).
- López, F. y del Campo, A. (1999). Prevención de abusos sexuales a menores. Guía para padres y educadores. Madrid: Amarú y Ministerio de Trabajo y Asuntos Sociales.
- Malacrea, M. (2000). Trauma y reparación. Madrid: Paidós.
- Martínez, A. y de Paúl, J. (1993). Maltrato y abandono en la infancia. Barcelona: Martínez Roca.
- Martorell, J.L. (1996). Psicoterapias. Escuelas y conceptos básicos. Madrid: Pirámide.
- Moreno, J.L. (1979). Psicoterapia de grupo y psicodrama. México: Fondo de Cultura Económica.
- Nogueiras, B. y Equipo del Espacio de Salud para Mujeres Entre Nosotras (1994). Introducción: los abusos sexuales y el incesto. Una cuestión pendiente para el feminismo. En W. Bezemer, I. Foerken, W. Gianotten, A. Imbens, Fransen C. Van Lichtenburcht y E. Sten, Después del incesto. (pp.11-33). Madrid: Horas y horas.
- Nyman, A. (1998) . Rehabilitación. En R. Barnen. Secrets that Destroy. Madrid: International Save the Children (p.17).
- Olba, M.S. (2000). Un verano para relajarse. Revista Mujer de Hoy, 64, 27-34.
- Perteson M.S. y Urquiza, A.J. (1993). The role of mental health professionals in the prevention and treatment of child abuse an neglect. US Government Printing Office. US Department of Health and Human Services, National Center of Child Abuse and Neglect, Washington.

- Pipher, M. (1998). Cómo ayudar a su hija adolescente. Barcelona: Amat.
- Ramírez, J.F. (1990). Curso de relajación progresiva para niños y adultos. Madrid: CEPE. Tratamiento psicológico de niños víctimas de abuso 26
- Rodríguez Naranjo, C. y Gavino, A. (1997). Técnicas dirigidas al entrenamiento en solución de problemas y el control de las cogniciones. En A. Gavino (Ed.), Técnicas de terapia de conducta (pp. 112-120). Barcelona: Martínez Roca.
- Sosa, C.D. y Capafons, J.I. (1996). Abuso sexual en niños y adolescentes. En J. Buendía (Ed.), Psicopatología en niños y adolescentes (pp.77- 99). Madrid: Pirámide.
- Topper, I.U. (1988). El silencio de los corderos. En Nuevo Trabajo en ABC, 14 Junio, pp. 54-55.
- Tuma, J.M. (1993). Terapias clásicas aplicadas a niños. En T.H. Ollendick y M. Hersen (Eds.). Psicopatología infantil (pp.487-508). Barcelona: Martínez Roca.
- Ullmann, E. y Werner, H.(2000). Infancia y trauma: separación, abuso, guerra. Madrid: Brand.
- Urquiza, A.J. y Winn, C. (1994). Treatment for abused an neglected children: Infancy to age 18. US Government Printing Office. US Department of Health and Human Services, National Center of Child Abuse and Neglect, Washington.